# 人類學家的無政府主義觀察

## 從生活中的不服從論自主、尊嚴、有意義的工作及遊戲

詹姆斯·斯科特 著

王審言 譯

Two Cheers for Anarchism: Six Easy Pieces on Autonomy, Dignity, and Meaningful Work and Play

James C. Scott

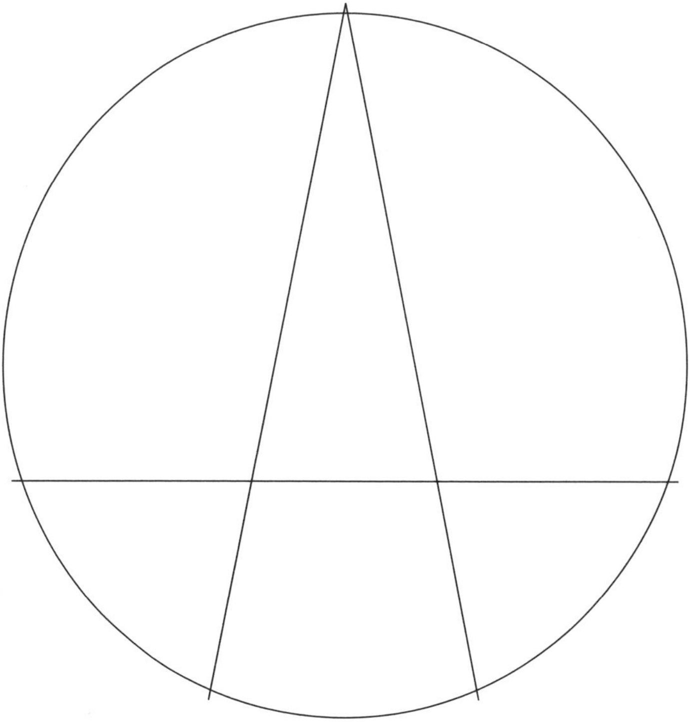

~~傳播無政府主義~~
別告訴我怎麼做！！

目錄

# 圖目錄

# 推薦語

（按姓名筆畫排序）

詹姆斯．斯科特相信，沒沒無名的小人物才是創造歷史的主角，無論馬來半島的小農民、不願臣服的東南亞高地少數民族，亦或是東歐社會主義統治下的尋常百姓。斯科特對於國家保持戒心，因為統治者往往編織出一套正當化其特權的理由，從新石器時期的農業帝國，到二十世紀掌握了現代科學與追求發展的現代政權，都帶來了前所未有的人性與生態浩劫。無政府主義者的核心信條之一，即是平民百姓可以憑自己的力量創造出合理而公正的社會秩序，而不需要依賴立基於強制力的國家體制。這一本充滿日常觀察智慧的小書，肯定能將無政府主義的思維帶入二十一世紀。

——何明修

臺灣大學社會學系教授

活在政治無所不在的今日，我們更需要理解無政府主義的發展與理想是怎麼一回事，才能察覺人們的生活是如何被政府、政黨與大型企業共同形成的結構所影響，也才有機會自我解殖，看到自己的能動性與社會發展的可能。《人類學家的無政府主義觀察》用一篇篇深入淺出的短文，如同操作手冊般帶我們重新檢驗當今社會的運作，為理想主義留下一片淨土。

——宋世祥

【百工裡的人類學家】創辦人、國立中山大學人文暨科技跨領域學士學位學程助理教授

在《人類學家的無政府主義觀察》中，斯科特從農民運動的觀察與政治批判出發，討論國家，階級，治理，暴力，結構，行動策略等狀態，一方面組合成為利維坦巨獸的穩固，卻又提示人民面對壓迫時的可能逃脫策略。斯科特擅長分析階級差異下的「底層政治」（infrapolitics），對他而言「無政府主義」是一種歷史思維方式，也是不與政府與國家統治發生合作下的相互性。我們若從「無政府主義」的角度對不同階層的社會行動「逆行理路以爬梳」（read against the grain），將會看到非精英階層的能動性，以庶民行動的歷史辯證重新打造意義的偶發性。如果葛雷伯（David Graeber）書寫的是當代無政府主義的行動綱領，則斯科特寫給我們的是歷史條件下

無政府主義的鏡像碎片。

——李宜澤
國立東華大學族群關係與文化學系助理教授

斯科特的這本小書《人類學家的無政府主義觀察》，不是嚴謹的學術作品，但卻是想要理解他從一九六〇年開始以來，一本又一本充滿原創性與挑戰性的經典，不可或缺的指南。我們這些長期跟隨他、受到他啟發的學徒，一直都感受得到他的著作背後那種無政府主義脈動，但是真正讀到大師娓娓將他的政治哲學坦誠的鋪陳，還是一種令人激動與感動的經驗。

高度的推薦給所有關心未來的政治如何可能的人，希望這本書能夠溢出校園，讓一般讀者也能加入討論。像斯科特這樣的學者，在當代已經是寥寂的晨星。

——林開世
臺灣大學人類學系副教授

近年我一直在想我們需要無時無刻存在的國家嗎？有需要管東管西的政府嗎？有需要一個以

愛國為前提的政權嗎？面對這種政府，除了奮力抗爭外，我們還能做什麼？有什麼「另類」被管治而不失尊嚴的可能性？斯科特持續出版學術研究著作，探討政府的思維及行動模式，也討論弱者的「武器」以及被管治者的「抵抗藝術」。

看不懂嗎？不要緊！這本書是他以普羅大眾為對象的一本小書，從他的日常生活、閱讀及（相對）少量田野、文獻資料出發，以「碎片」的簡單概念分享他對無政府主義的思考和期待。這是我讀過最接地氣的斯科特著作，邊呷一口咖啡邊讀此小書，總有會心微笑的時刻。

——鄭肇祺
芭樂人類學寫手之一
臺東大學文化資源與休閒產業學系

譯者序
# 摩登原始人之必要

在文明乍現曙光，人類開始群居，體力與智力尚未分化出階級之前，人類的政治權力與組織是怎樣的面貌？或者問：當時的人類是怎麼決定、由誰決定如何集體行動？這種沒有文字佐證、得不到考古發掘奧援的亙古謎團，看來只有一種方式，有機會推敲出一個趨向真相的答案——人類學。

人類學者的實地考察，是無可奈何的權宜之計，觀察、記錄較晚或者較少接觸「文明」（抱歉，想不出完全沒有價值判斷的代名詞）的原始部落，遙想人類政治組織的起源以及在不同情境下的選擇。毫無疑問，能夠快速集中資源、動員群眾，減少決策羈絆的集權政體，縱觀古今東西，始終占據壓倒性的主流。但，這並不是歷史的全部面貌。

在形形色色、有時讓現代人匪夷所思的生活方式中，人類學家分辨出一種規避集權的決策模式。某些部落甚至明知存在更有效率的統治方式，依舊選擇自我組織、直接民主、協商妥協的無政府狀態，沒有領袖，不受支配，也始終沒有發展出超過封閉部落（compound）之外的政治機制。

「無政府主義」。安那其（Anarchy）。嗯……此調不彈久矣。

十九世紀末，無政府主義的思潮曾經隨著勤工儉學團進入中國。但陳義實在過高，在那個兵荒馬亂、內外交逼的時代裡，激化成為暗殺以及破壞行動之後，很快就被束諸高閣。不過，在過程中，卻是名家輩出，劉師復、蔡元培都是叫得出字號的知識分子。站在台北士林的至善公園裡的黨國大老（很奇妙的思想與生涯組合），吳稚暉，更是代表性人物。

你以為這都是老掉牙的往事嗎？也不盡然。防疫期間大出風頭的政務委員唐鳳，也自認信奉「持守的安那其」（conservative anarchism），追求「自由個體的自願結合，建立互助、自治、反獨裁主義的和諧社會」。無政府主義勾勒的理想國度是在歷史洪流中，時伏時起，衰而不竭的關鍵；楬櫫的理想，放在二十一世紀的台灣，或者任何一個民主社會，毫無違和。

只是人類學家的無政府理論，一旦跨越時空，來到當今社會，無論是建構知識體系，或者組織群眾抗議，卻遭到嚴峻的挑戰。思考與行動的參考架構，來自遙遠、偏僻、寥寥數人的原始部落，無疑是個脆弱的連結點。這或許為什麼在英語世界，兩大無政府主義理論者——本書的作者斯科特（James C. Scott）與葛雷伯（David Graeber）先後推出兩本篇幅不長，野心卻大的著作，而且不約而同的選上「碎片」（fragments）這個概念。葛雷伯寫的是《無政府人類學的碎片》（*Fragments of an Anarchist Anthropology*, 2004）*，而斯科特則在稍後，補上這本《人類學家的無政府主義觀察》。前者試圖在學界建立論述體系，回顧歷史文獻，擘畫理論藍圖；而後者，一派輕鬆，趨近隨筆，從日常生活著眼，更強調覺醒與實踐。

斯科特是一個很難用傳統學科歸類或者局限的學者。他教授農業研究（agrarian studies），在耶魯大學卻獲得被視為最高成就的政治學斯特林（Sterling）教授榮銜，維基百科上說他是比較農業、非國家社會、底層政治（subaltern politics）以及無政府主義學者。他喜歡《水滸傳》，

---

* 葛雷伯在書中說，「無政府人類學並不存在。現在只有碎片。」*David Graeber, Fragments of an Anarchist Anthropology,* (Chicago: Prickly Paradigm Press, 2004)

養蜜蜂跟養羊。傳統政治學界強調實證研究、理論建構，偏好統計方法，最熱門的題材是國際政治、政體變遷與投票行為；他卻喜歡親身觀察、歷史探索，從東南亞問題出發，直指國家的構成與意義。研究方法與主流政治學界大異其趣，取徑險僻，卻得以窺見政治運作的真正本質。

前一次，他從上古時期開篇，寫成《反穀：早期國家的深層歷史》*，直接推到史前時代，省思國家體制成形的原因以及價值，一舉顛覆了國家是文明更上層樓的歷史神話。如今的這本小書，比較像是他的旅行與閱讀隨筆，東張西望，說古論今，逐一穿透我們視而不見的表象、習而不察的荒謬，開展全新的思考境界。

表面上，這本書並不算難讀，好些例證，在我們身邊就能得到驗證。但，多達二十九個的碎片，既反映斯科特豐厚的學養與田野調查成果，又出入歷史詮釋與政治、認知理論，狀似信手拈來，其實深不可測，濃縮了他先前幾本重量級著作的精華，幾條主軸此起彼落，理路如同潛流，最終歸於他的政治期盼。

雖然作者在前言就鄭重提醒，所謂的碎片，就是真正的碎片，讀者大概無法拼湊出整體的圖像。但就算安排並不刻意，也不能說行文毫無邏輯。說巧也巧，且以碎片十五做個分界，前半，不妨視為是打好自我解放、自我賦權的基礎建設，目的是逐一拆穿權力體制、魅力領袖、理性秩序的玄虛，還鄉土與庶民智慧公道，重拾人類的獨立與自主。

在碎片十五提出關鍵質問「一個從工作到日常生活，全都屈從於獨裁體制的人，要怎樣才能轉成民主公民，肩負起應有的責任？」之後，這本書的後半，轉而面對更現實、也更深刻的省思——何謂民主政治？

斯科特在這本書的後半，以荷蘭達拉赫騰去紅燈運動、二戰期間，法國勒尚邦鎮民，甘冒奇險救助流亡猶太人、德國明斯特市民通力合作還原記憶這三個例子，說明權力與責任分散之後的和諧狀態，強調去除權威管制，建立以自由、自治、合作為主導的社會，並不難想像。同時以戲謔的筆調，調侃專業治理的盲點，痛批以專業治理取代民眾參與的精英領導體制捍衛「政治」。

對動輒以「不要泛政治化」試圖解決爭議、對立的社會而言，這無疑是一個很出人意表的結論。但在斯科特的腦海裡，政治，指的是什麼？或者說，在政治人類學裡，側重哪個政治環節？答案，是過程，是鼓勵公民投入政治運作（動），擺脫權威，共同學習與成長的「決策過程」。

---

＊根據原英文書名譯出與臺版書名略有差異。在美國，《反穀》與《人類學家的無政府主義觀察》的出書順序，剛好相反，但相互對照閱讀的樂趣，並無差別。

這定義高懸在極完美的境界，無懈可擊，棘手的是與現實政治的落差，可望，難及。

現實是主導全球的民主政治類型，是以投票選舉為主軸的「代議民主」。偏偏就是這種政體近年來出現嚴重疲軟的走勢：全球化的負面效應浮現，貧富差距加劇、《政治獻金法》為財團大開方便之門，堂而皇之的參與決策、民粹風潮此起彼落、世界級的領袖舉止乖張，民眾普遍感到無力，在所謂的民主政治中，貧乏得只剩選票。這時或許更能體悟真正的智慧，不退流行。早在啟蒙時代，冷眼旁觀的法國哲學家盧梭就說過：

> 英國人自以為自由。大錯。他們只有在選舉議員的時候，才有自由；議員一旦選出來，他們就是奴隸。

普遍選舉（universal suffrage）是民權先進前仆後繼換來的成果，價值不容一筆抹煞；但就政治演變而言，卻只是民主政治的入門踏板，不足以預防民主的崩潰與倒退，還經常選出統治效能與正當性不足的政權，或者難以因應民粹風潮的崛起（如一戰後的德國威瑪共和國），或者無力鎮壓既得利益的反撲（如最近囚禁翁山蘇姬的緬甸）。算得緊一些，從所謂「第三波民主潮」真正站穩腳跟起算，被我們稱為「普世價值」的西方代議民主制度，至今，不過只有三十來年的歷史*，還得面對英國脫歐、川普崛起等各種異常干擾（anomalies），或者來自中共管理模式的挑戰。根基尚淺，斷難高枕無憂。

投票，是這種民主制度的核心程序。但在坐擁大量人類經驗與政治、社會實驗成果的人類學家眼裡，卻有極不可取的負面效應。

> 投票最可能等同於羞辱與憎恨，到頭來導致社區的毀滅。……多數決民主，我們可以說，必須要有……迫使（少數）接受（多數）決定的強制配套手段，多數決體制才可能崛起。†

---

* 一九九一年，美國著名的保守派政治學者杭廷頓（Samuel Huntington）總結性的作品，《第三波：二十世紀末的民主化浪潮》（*The Third Waves: Democratization in the Late Twentieth Century*）印行；翌年，他的弟子法蘭西斯・福山（Francis Fukuyama）影響重大但爭議不絕的論述，《歷史的終結與最後一人》（*The End of History and the Last Man*）出版。兩者絕非巧合，反映著當時西方學界對於民主前景的一片樂觀。一個很有趣的軼事，福山的《歷史的終結與最後一人》，源自一九八九年他在期刊《國家利益》（*National Interest*）一篇論文，《歷史的終結？》三年後，問號不見了。

† 同十七頁注釋書，八九頁。

這種論斷足以讓民主體制支持者面面相覷。話說得沒錯，但維持社會運作，兼顧民意抒發，現行的選舉代表制難道稱不上「眾害相權而取其輕」嗎？何可深責？

那是由於政治人類學家對於人類社會的運作，往往直視本質，有超乎常人的領略。他們反對受制於制度中的缺陷，寄望於想像力的可能；反對力（counterpower）可以在這無限的空間中，孵化、孕育出更合適人類自主、自尊的組織模式。他們最喜歡的主題曲是巴西的民歌，《另外一個世界是可能的》（*another world is possible*）。而這裡必須要說明的是：人類學家的想像力，來自於他們對於人類經驗的觀察，具有可行的操作性，樂觀難以動搖。*

只是鍛鍊好心智，更換看待事情的角度，或者說，做好「斯科特無政府暖身操」，在今日的世界裡，究竟有什麼意義呢？這是讀這本書，總不免要反躬自省的大哉問。就譯者看來，答案就是竭盡可能，保衛我們最珍惜的民主制度。

追求民主政治的長治久安，單靠定期選舉不足為憑，†還有賴於參與者更強健的心智、更勇敢的行動以及更廣泛的借鑑。無政府主義縱然有曲高和寡的嫌疑，但尊重人性獨立自由、重視合作協商的本質，還有不受強權欺凌的叛逆，在這眾聲喧譁、撲朔迷離的時代，依舊值得重視。扎穩理論馬步，也需輔以判讀技巧。特別提醒讀者萬勿錯過第五章的注釋七，不妨把它當成突破數

字迷思，建立客觀測量基準的邏輯訓練，用以識破政客花招，嚴防他們假專業、去政治之名，行

---

* 自感想像力貧乏的人，或者可以試著讀葛雷伯推薦的人類學經典：馬瑟・牟斯（Marcel Mauss）的《禮物》（*The Gift*），在資本主義之外，描繪出另外一種經濟型態運作的可能性、皮耶・克拉斯雷特（Pierre Clastres）的《社會對抗國家》（*Society Against the State*），描述棄絕國家與暴力壓制的亞馬遜族人的社會經驗。葛雷伯的《為什麼上街頭》（*The Democratic Project: A History, A Crisis, A Movement*），以一個運動者的角度，闡釋無政府主義運動者如何發想及安排參與者平等參與議題討論的過程。

† 二〇二一年初，《經濟學人》信息社（The Economist Intelligence Unit, EIU）公布二〇二〇「民主指數」，台灣排名狂進二十，超英（十六）趕美（二十五），高踞全球十一，連缺點（flawed）都沒有了，被視為最大贏家。但EIU所謂的民主偏向美國自由之家與美國學者道爾（Robert A. Dahl）的定義，大致源自於一九七〇年代，強調自由、公平的選舉與政治參與；再加上跨國的調查，只求問題標準齊一，方法頗有值得商榷之處。其中，台灣的政治文化進步最大，引發質疑。在這個類別中，EIU總共問了八個問題，主要是探測民主監督實況，防範軍人干政與專家擅權，問題中有不少含糊之處。試舉一例：「是否有足夠的社會共識，支撐穩定的民主運作？是：一分；是，但有某些嚴重質疑與風險：零點五分；不是：〇分」（題三十六）。一九七〇年代，民主政治挑戰主要是極權國家如何轉型，鞏固民主傾向，公平的選舉與廣泛的民眾參與，是最重要的指標；現階段民主政體是遇到體制內的亂流，權力的誤用與濫用、多元與寬容精神的委靡以及體制法律的權威削弱，從這個角度回顧二〇二〇年的台灣，可能會有異樣的感受。EIU的「民主指數」報告可從《經濟學人》官網下載，並請參看，史蒂文・李維茲基（Steven Levitsky）和丹尼爾・齊布拉特（Daniel Ziblatt），李建興譯，《民主國家如何死亡：歷史所揭示的我們的未來》（*How Democracies Die: What History Reveals About Our Future*，台北：時報出版，二〇一九）與蘇永欽，《台灣民主的奇幻漂流》（台北：聯合報，二〇二一年二月二十一日）。

混淆視聽，偷渡政治企圖之實。

網路興起，帶動了全面的經濟、社會與政治重組。訊息傳遞更加迅速、破碎。新的表達工具粲然大備，但期待網民理性參與，創造人人平等的虛擬空間，目前看來不太實際。意見凌亂分化，同溫層相互感染，不同的立場更加尖銳對立。在這數位戰國時代，無政府主義以人格獨立、人性尊嚴為本，再度獲得青睞，卻也遇見自己的局限。

首先是只強調過程，「議題設定」必須委由參與者討論，尋求共識，揚棄垂直領導的誘惑，往往曠日廢時，舉事的時機、節奏，難以捉摸，瞻之在前，忽焉在後，而且召之難來。作為一種人本哲學，無政府主義發聾振聵，足以發人深省；但作為一種政治理論或者政治策略，不免顯得曲高和寡，似乎總得依附於某種號召，再設法在過程中，落實無政府主義的操作理念。從這個角度來看，不妨將無政府主義視為蛻變成一種精神、一種自我的意識武裝，用以參與「審議式民主」（deliberative democracy）之類的民主進化版，彌補投票制代議民主的不足。*

其次，從無政府主義運動的經驗來看，自主性大成疑問，經常得視博弈對手的反應而定。二〇一九年在香港爆發的反送中運動，擁有極高的群眾自發性，透過telegram之類的通訊軟體聯繫，去中心化、看不出明確的領導者，多次凝聚出大規模的示威人潮，半年內就迫使港府撤回

《逃犯條例》，這是西方政體常見的處置方式。

但是，運動見好難收，「五大訴求，缺一不可」，無法收穫階段性成果，騷亂持續，終至引發宗主國介入，北京人大常委會代位立法，港版《國安法》出爐，港府隨後施展鐵腕，民運人士先後被捕、民主派議員被褫奪資格，導致民主派全面退出立法局，儼然又是極權政權的陣仗。

斯科特言之在先，無法保證這種大規模的挑釁與對抗，一定會帶來改革或革命，反而有可能導致威權與法西斯。香港反送中運動正好為他的論斷下一注腳。兩階段結局就是社會科學家所謂的「自然實驗室」，控制變項（港府主導或北京主導）導致了不一樣運動結果，也因此暴露出在進階為革命前的無政府（無組織）運動，受制於人的一面。

喜歡也好，不情願也罷，我們就處在這個稱不上最好，也還沒到最壞的年代。緬懷過去，乾脆想得久遠一點，想想在人類自我組織、相互協助的文明初期，無政府就是人類互動基礎之一，是埋在人類腦海深處的古老智慧；而前瞻未來，挑戰不妨看得深一些，我們所珍惜的民主制度，

＊　請參看大衛．凡．雷布魯克（David Van Reybrouck）著，甘歡譯，《反對選舉》，（台北：聯合文學，二〇一九），第四章，對於抽籤選拔公民參與審議式民主，有許多很有創意的提議。

正面臨著前所未見的侵蝕，倒退的因子就藏在投票箱內、藏在自由言論中的民粹論調裡、藏在假正義之名的權力濫用中。我們別無選擇，只能保持清明意志，挺身而出；以原始人的智慧，迎向摩登的挑戰。這就是摩登原始人之必要。

# 前言

這本書裡的一些想法，醞釀已久。早在我研究農民、階級矛盾、抵抗、發展計畫與東南亞山區邊緣民族的時候，已然成形。三十年來，我一再發現不管是在研討課討論、在我筆下的文章裡，都不斷觸及這個主題，讓我不禁想：「這聽起來好像有點無政府主義者的論調。」數學幾何裡，兩個點構成一條直線；但是當第三個點、第四個點、第五個點，都落在同一條線上，巧合就難以忽視了。受到這個機緣衝擊，我覺得大量閱讀無政府論述經典與無政府主義運動史的時機，就此成熟。為此，我在大學部開始教授大量的無政府主義課程，努力自我教育，也許也是為了逐步釐清我與無政府主義的關係。在課程結束的二十年後，大部分被擱置一旁的內容，現在我終於把想法整理出來，彙整成這本小書。

我以無政府主義的角度評論國家的興趣，源自對於「革命性轉變」的幻滅，不再為此抱持任何希望。對於曾在北美一九六〇年代經歷「政治覺醒」的人來說，這種幻滅是非常普遍的經驗。在我與許多人眼裡，一九六〇年代尋求民族解放的農民抗爭，可說是某種浪漫革命情懷的最高潮。我一度被烏托邦的潛力迷得神魂顛倒，曾經滿懷敬畏的追隨現在回頭看來過度天真的幾波政治浪潮，包含幾內亞艾哈默德．賽古．杜爾（Ahmed Sékou Touré）的獨立公投、迦納總統夸梅．恩克魯瑪（Kwame Nkrumah）推動的泛非洲倡議（pan-African initiatives）、印尼早期的選舉、緬甸獨立與第一次大選（我在那裡待了一年，親身觀察），當然，還有共產革命中國的土地改革政策與印度全國性的選舉。

我對革命的幻滅受到兩種過程的驅策，包括探索回顧歷史與近期事件的發展。我或許應該更早想到，但直至那時才發現：幾乎所有取得重大進展的革命，後來建立的新政府都比被它推翻的政府更加蠻橫；原本應該為人民服務的政府，卻演變為向人民壓榨更多資源、對老百姓強化控制。在這點，無政府主義者對於馬克思，特別是列寧的批評，堪稱是未卜先知。法國大革命導致了熱月政變（Thermidorian Reaction），也讓性喜四處征伐、體制未臻成熟的拿破崙政權登場。俄羅斯的十月革命，造就了列寧對於先鋒黨（vanguard party）的獨裁，隨後強力鎮壓克朗史塔德

（Kronstadt）罷工的水手與工人（他們正是無產階級！）、造就農業集體化與古拉格（gulag）*。如果說舊制度†（ancient régime）建立在殘酷手段維持不平等的封建體制之上，革命終究也沒能擺脫不幸的結局。群眾的期待持續將能量與勇氣灌注進革命，以至開花結果，但從長遠的觀點來看，他們的希望幾乎全遭到背叛。

當代革命言必稱為了世界歷史上最大的階級——農民，但現代歷史卻無法讓人安心。一九五四年日內瓦協議簽訂之後，統治北越的越南獨立同盟會（Viet Minh），在歷史上素來為農民基進主義溫床的這個區域，殘酷地鎮壓小業主與小地主的民眾叛亂。在中國，毛澤東強行推動大躍進，嚴令異議人士封口，逼迫數以百萬計的農民加入人民公社與大食堂‡，造成災難性的後果。一九五八至一九六二年，究竟丟了多少條人命，學者與統計學家至今爭論不休，但大概不會少於三千五百萬人。就在大躍進死亡人數逐漸揭露的同時，關於柬埔寨在赤柬（Khmer Rouge）政權

* 編注：蘇聯勞改營或延伸指稱所有形式的蘇聯政治迫害，為俄文ГУЛАГ的音譯，即勞改營管理總局（Главное управление лагерей）縮稱。
† 譯注：這裡專指法國大革命前的歐洲君主專制。
‡ 編注：共產主義國家為了最大程度使用勞動力，不以人或家庭為單位，而是強制性要求在大食堂裡集體用餐。

下，各種饑荒、處決的慘狀傳來，補上農民革命慘烈失敗、死傷枕藉的圖像。

這倒不是說西方陣營或者他們在貧窮國家推行的冷戰政策，提供了「現存社會主義」之外最合理的替代方案。一些有著驚人不平等的獨裁政權和國家，也會在對抗共產主義的鬥爭中被納入陣營。熟悉這時代的人，應該還記得，同一時間「發展研究」（development studies）與新開闢的「發展經濟學」進入早期的全盛巔峰。革命精英腦海中所想像的社會工程大計畫，沿著集體主義的血脈流淌；發展專家則不確定自己是否有本領促進經濟成長，包括依照階層規劃所有財產的形式、投資實體基礎建設、推廣經濟作物與土地自由買賣等，普遍來說強化了國家功能與擴大不平等。「自由世界」，尤其是全球南方*，一邊得面對社會主義者質疑資本主義造就不平等，**同時**又得接受共產黨與無政府主義者批評政府維護這種不平等，在雙方的圍攻下，更顯得左支右絀。

就我看來，這兩種幻滅更證實了米哈伊爾．巴枯寧（Mikhail Bakunin）所言不虛：「沒有社會主義的自由，就是特權與不公不義；沒有自由的社會主義就是奴役與暴虐殘酷。」

## 無政府主義者的一瞥，或像個無政府主義者一樣的觀察

缺乏無政府主義整體世界觀與哲學理念的我，在任何情況下，對律則式（nomothetic）†的觀察感到戒慎恐懼。所以，最好的方法就是提供讀者無政府主義者的視角。我想要傳達的是：如果戴上無政府主義者的眼鏡，打量歷史上的群眾運動、革命、日常政治與國家，從這個角度東張西望，會發現某些原本被別的觀點遮掩得模模糊糊的見解，躍然而出。我們也會驚訝地發現：無政府主義的原則在庶民的政治行動與想像中極為活躍，儘管他們可能從來沒聽過無政府主義或者無政府哲學這些名詞。還有另一件事也會逐漸清晰：我相信，就是皮耶—約瑟夫・普魯東（Pierre-Joseph Proudhon）第一次使用「無政府主義」這個詞時，腦海中浮現的念頭，也就是相互性（mutuality），或者**不透過階層或國家統治所產生的合作**。另外就是無政府主義者容許伴隨著

---

* 編注：全球南方（Global South）：在許多聯合國官方文件上出現，也常被學者用來區隔二戰以來相對發達的「北方」歐美國家，指涉南北不對稱的政經格局。引用自簡旭伸與吳奕辰，〈全球南方觀點下的國際發展與援助〉。收錄於簡旭伸、王振寰編，《發展研究與當代臺灣社會》，頁三一—六四。（台北：巨流，二〇一六）

† 譯注：源自康德的概念，是一種以歸納為核心的研究方法，目的是獲致通則性的概念。

社會學習，衍生而來的混亂與突發奇想，也對於自發性的合作與互惠互利（reciprocity）保有確切的信心。從長期的觀點來看，羅莎．盧森堡（Rosa Luxemburg）偏愛勞動階級的誠實犯錯，甚於一小撮先鋒黨精英行政決策的智慧，正說明了這種立場。我的宣示相對保守些。不過，比起大部分其他的選項，我還是認為，這副眼鏡提供了更銳利的影像，以及更有層次的景深。

我提出「過程導向」（process-oriented）的無政府主義觀點，或者也可稱之為「實踐中的無政府主義」（anarchism at praxis）。但讀者大可理直氣壯的問道：現在有這麼多版本的無政府主義，你提議要戴上的是哪副眼鏡呢？

我的無政府主義觀點包括了捍衛對政治、衝突與辯論的價值，以及隨之而生永遠存在的不確定性與不斷學習。這意味著我反對打從二十世紀開頭，就控制大多數無政府主義思想主流的烏托邦科學主義（utopian scientism）。由於人類無論在工業、化學、醫藥、工程或交通運輸上，都取得了巨大的進展，難怪不論右派或者左派陣營都洋溢著現代主義的樂觀，一致認為人類歷史上稀缺性的問題，基本上已經解決了。很多人相信，科學進步解開了自然法則之謎，隨著科學發展，人類可以在科學基礎上解決有關生計、社會組織與制度設計諸般問題。隨著人類越來越理性、擁有更多知識，科學會告訴我們該如何生活，政治不再是必需品。幾個截然不同的思想家，從聖西門（comte de Saint-Simon）、彌爾（J. S. Mill）、馬克思到列寧，都傾向認為未來世界主要是靠開明的專家統治，根據科學性的原則與「管理眾人之事」（the administration of things）*來取代政治。列寧看到第一次世界大戰中德國史無前例的經濟整體動員，他將此視作一部運轉滑順的機器，認為這就是社會主義的未來，只消把政府的控制權從德國軍國主義者手上奪來，交給無產階級先鋒黨即可，單靠管理的手段便可讓政治靠邊站。對很多無政府主義者而言，秉持相同進步史觀也指出了一條國家無須插手經濟的運行之道。只是我們後來卻發現：寬裕的物質環境非但沒有趕走政治，反而創造出新的政治鬥爭領域；國家社會主義也並不是事物的「管理者」，反而更像是統治階級的工會，只保護他們的既得利益。

跟許多無政府主義思想家的主張不同，我不認為政府在每個地方，或任何時候都是自由的大敵。美國人只需回想一九五七年，納入聯邦體制的國民兵，在阿肯色州小岩城引領黑人小孩，穿越張牙舞爪的憤怒白人群眾進入學校的那一幕，應該就會了解**在某些特定的情況下**，國家是可以

* 編注：在恩格斯討論國家逐漸消亡的理論中，國家功能由原來「管理眾人」（political rule over people，原德文die Leitung von Produktionsprozessen），變成「管理眾人之事」（原德文Verwaltung von Sachens）與「管理生產過程」（direction of processes of production，原德文die Politische Regierung über Menschen）。

扮演解放性角色的。我相信，就算只有在法國大革命之後建立了民主公民權與普選制度，這種現象才可能發生，隨後才再擴及婦女、奴僕與少數民族。這意味著大約有五千年歷史的國家，在最後兩個世紀左右，才偶爾出現拓展人民自由領域的**可能性**。但我相信，只有當來自底層、大量體制外的破壞，威脅到政治結構的情況下，才有機會實現。儘管取得成果的過程備極艱辛，以法國大革命的例子來說，卻也掀開歷史的新頁，國家贏得不經中介就可以直接通往人民的道路，全面徵兵與整體戰爭也因而得以實現。

我並不相信國家是唯一危害自由的制度。只要看看前國家社會的奴隸制、戰爭、把女性當作財產，或者奴役的漫長歷史就能明白。不同意霍布斯（Thomas Hobbes）認為在國家之前，社會的自然狀態是危險、野蠻而短暫的，這是一回事；相信「社會的自然狀態」就是公共財產、互助合作、永世和平且完美無缺的世界，又是另外一回事。

我要明確的跟一個無政府主義支派保持距離：允許（甚至鼓勵）人民在財富、財產與地位上維持巨大落差的某種自由意志主義（libertarianism）*。自由與（小寫的d）†民主（democracy）如果是存在於劇烈不平等的社會中，根據巴枯寧的理解，一定是殘酷的冒牌貨。巨大差異導致的自願協定或交換，無異於合法搶劫，不可能有真正的自由。舉個例子，想想在一戰與二戰之間的中國，歉收、戰爭，饑荒橫行。好些女性眼前就只有一個抉擇：要麼餓死，要麼賣掉自己的孩子，苟活一時。就市場基本教義派而言，賣孩子歸根結柢是自發性的選擇，稱得上是自由行為，交易自然是有效的（*pacta sunt servanda*）‡。但背後的邏輯邪惡至極。這是一個環境壓迫下的強制結構，逼迫人民做出這種撕心裂肺的決定。

前述舉例在道德上也許過於沉重，但在今日不算是罕見特例。比方說，人體器官與嬰兒的國際買賣。假設有一段追蹤全球腎臟、角膜、心臟、骨髓、肺與嬰兒買賣的縮時攝影，流動的方向，絕無例外，一定是從全球最貧窮國家、而且是最弱勢的階級，大量流向北大西洋富裕國家中最有錢的特權階級。強納森·史威夫特（Jonathan Swift）的《一個卑微的建議》（*Modest Proposal*）§，讀來令人怵目驚心，至今依舊不覺得過時。這種珍貴物品的交易，難道不是世界

---

* 譯注：視自由為核心原則的自由主義支派，強調個人主義與自由選擇。
† 編注：相較於通常具有制度體制或具有群體特性的大寫開頭，小寫意指個人或個體性的。
‡ 譯注：條約必須善意履行原則，拉丁文，為重要的民法與國際法概念。
§ 譯注：英格蘭作家，最著名的作品是《格列佛遊記》。《一個卑微的建議》匿名發表於一七二九年，文中以諷刺的角度建議從愛爾蘭十二萬名新生兒中，取其十萬，做成佳餚，端上富人的餐桌。

上生存機會嚴重失衡導致的強制性人為產物？有人稱之為「結構性暴力」，從我的觀點來看，是再合適不過的形容。

財富、財產與地位的極端落差，讓「自由」看來格外諷刺。過去四十年，美國財富與權力結構逐漸鞏固，全球南方各國群起效法，爭相採行新自由主義政策，催生出無政府主義者早已預見的惡果。日積月累的不平等，透過經濟的手腕直接擺布政治運作，包括規模龐大（如同國家般）的寡頭企業、媒體控制、政黨獻金、形塑法律（鑽進體制設計的漏洞）、重新劃分選區、容易搬弄法律知識等，諸如此類的優勢使得既得利益者可以透過選舉及立法，擴大既存的不平等。在既有的體制之下，實在很難有可行的方法，縮減這種會自行強化的不平等。就連在二〇〇八年引爆的嚴重資本危機，也無法刺激出羅斯福政府時期的「新政」。民主體制在相當大的範圍裡，已經變成競標商品，成為獻祭給喊價最高者納入囊中的拍賣。

市場以金錢來衡量影響力；民主，原則上則應該由投票來決定。但在實務操作上，只要有某種程度的不平等，金錢就會感染甚至壓過選票。到底可以容忍不平等到什麼程度，而民主還不至於是百無一用的花瓶？理性的人對於這一點可能很難達成共識。我的判斷是，我們現在已經進入「花瓶區」好一陣子了。撇開市場基本教義派不談，（這些人倫理上可以接受一個人賣身——他們當然是自願的，人可以成為銷售的奴隸動產），我們至少都相信，缺乏**相對的**平等，民主只會是一場殘酷的騙局。這對無政府主義者而言，自然是極其棘手的兩難。如果相對平等是相互性與自由的必要條件，除了國家外，還有什麼能提供這項保證呢？面對這個費解的難題，我相信在理論與實務上，廢除國家絕非選項。唉……我們被利維坦（Leviathan）*困住了，只是挑戰不是霍布斯宣稱的理由，挑戰在於難以馴服國家這頭巨獸。這個挑戰可能遠遠超出我們的掌握之外。

## 組織的悖論

無政府主義主要的核心關懷包含：政治變革如何確實發生，無論透過改革或者革命、我們該如何了解什麼是「政治」，以及最後，我們最好該怎麼研讀政治。

跟一般人的看法相反，組織（organization）並不會催生抗議運動；情況是倒過來的，比較接近事實的是抗議運動加速組織調整，藉此得以拆解運動力道，將其導入體制內管道。遇上威脅

* 譯注：《聖經》中的怪獸，霍布斯用以比擬國家。

到系統穩定的抗議活動，正式組織更是障礙，絕非促成者。民主變革有一個極大的矛盾，雖然從無政府主義者的視角看來並不意外：被設計來消弭群眾騷動與製造和平的民主機制，能夠成功達到制度性立法並改變現狀的機率，微乎其微。大部分的原因是現存的國家機構都趨於固化（sclerotic），並且為主流利益服務；同時，絕大多數的正式組織所代表的是既定者的利益。後者更是直接抵住國家權力的咽喉，並且在取得國家權力的制度性路徑上，緊緊掐住了入口。

因此也只有大規模、非制度化的群眾運動，透過暴動、破壞財產、難以控制的示威、竊盜、縱火、公開違抗威脅到既存制度，才有望啟動結構性的變革。不可能公然鼓勵這些騷亂，遑論起頭。即便是左派組織，結構上傾向於有組織的訴求、示威與罷工，這些通常可以被既有架構接納。至於有名號、專員、章程、旗幟，以及有內部政治管道偏好的反對組織，很自然的會將衝突體制化，單就這點而言，他們堪稱是專家。[1]

法蘭西斯・福克斯・派文（Frances Fox Piven）與李查・克洛沃德（Richard A. Cloward）提出極具說服力的論證，顯示在美國經濟大蕭條時期、一九三〇年代的失業者與工人聯手的抗議行動、民權運動、反越戰運動，以及福利權利運動（welfare rights movement）*，這些運動取得成功的時刻，就在於它們最具破壞性、最具衝突性、最缺乏組織與階層結構之際。[2]非體制力量不斷挑戰現存秩序，為了阻斷這些持續擴散的挑戰，最終迫使當局讓步。因為找不到帶頭的領袖進行協商，即便政府當局軟化，也沒有人可以保證把群眾帶離街頭。大規模叛逆脫序的行為，正因為嚴重威脅到了體制秩序，才促成新組織的形成，將這些對抗行為導入、收束進正常的政治運作之中。在這樣的情況下，政治精英會被迫與他們素來不屑的組織打交道，謀求化解之道。一九六八年，法國總理龐畢度（Georges Pompidou）就跟法國共產黨（一個體制內的「玩家」）談判，在薪資上大幅讓步，目的是將忠於共產黨的民眾切割出來，分別應付前者與其他野貓罷工者（wildcat strikers）[†]及學生。

破壞的形式層出不窮，有時甚至出人意表。但是，根據訴求的清晰程度、是否聲稱占據民主政治的道德高度，還是能夠進行區分。因此，目標鎖定實踐或拓展民主自由的破壞，像是廢除奴隸制度、爭取女性投票權以及取消種族隔離等，就是明顯具有民主權利優勢的訴求。但若大規模抗爭的目的，是要求每日工作八小時、從越南撤軍，或者，涵義更曖昧不明的，比方說反對新自

＊　譯注：一九六六到七五年間，美國非裔婦女發起的草根民眾運動，主要訴求是男女同工同酬、婦女權利保障。

†　譯注：沒有組織或不被法律承認的抗爭。

由主義全球化呢？這裡的目標合理、訴求清晰，沒錯，但算不算得上占據道德高位呢？這可就大有爭議了。有人可能會譴責一九九九年世貿組織年會上，「黑群」（black bloc）[*]在「西雅圖之戰」年會期間，採行像是破壞店家並與警方血腥衝突的策略，可能失之太過；但若非他們接近計畫性的（quasi-calculated）動亂招來媒體密集採訪，隨後更廣泛的反全球化、反世貿、反國際貨幣基金、反世界銀行運動，哪有可能吸引全世界的關注？

最難被評斷的案例，是經常伴隨著搶劫店家的暴動，越來越常被邊緣群體所採用，比較像是為了抒發憤怒與疏離感的未成熟行動，缺乏脈絡一致的訴求與宣示。但正因他們傳達的意義模糊不清，而且經常缺乏被組織起來，因此格外具有威脅性。因為沒有任何特別強調的訴求，沒有公認的領袖出面協商，掌權的政治精英因此得面對一連串紛雜的抗議訴求「光譜」。二〇一一年仲夏，英國爆發城市暴動[†]，保守黨政府的立即反應就是鎮壓與即決判決（summary justice）[‡]。另外一個由工黨提出的政治回應，則是包含了都市社會改革、改善經濟與選擇性的懲罰。毫無疑問，暴動引起了精英階層的重視，倘非如此，隱含在暴動背後的諸多議題，**無論最終如何處置**，都不會浮上檯面得到公眾關注。

這裡再度出現兩難。大規模的破壞與反抗行徑，在某些情況下，未必會引發改革與革命，往往直接導致極權或法西斯主義的崛起。風險永遠存在，但體制外的抗議，對於促成結構性的改變進步，像是美國「新政」（New Deal）或民權運動等，雖然並非充分但似乎仍是必要的條件。

許多影響歷史的政治行動，多是不受規範的反抗；同樣的道理，許多被統治階級，在他們絕大部分的歷史中，政治也是以非常不同的體制外形式運作。想要在底層農民與早期勞工階級的歷史上，尋找正式組織與公開訴求的蛛絲馬跡，只會無功而返。其中有一個被我稱為「底層政治」（infrapolitics）§的領域，運作於一般政治活動範疇的可視光譜之外。有史以來，國家始終阻撓著底層階級形成組織，打壓公開反抗更是不遺餘力。對於被支配的從屬團體而言，這種政治很危險。他們大體上了解：反抗要做得像游擊隊，隱蔽、少量、分散，才可能避免招致報復。

---

* 編注：或譯作「黑塊」，是一種蒙面且全身黑色打扮的抗議手法，主要目的是讓人無法辨識遊行者的身分，常在反對政府的抗爭中出現。

† 譯注：八月六日，一名黑人遭到倫敦警方射殺，引發市民上街抗議，由於失業率居高不下，政府又削減公共服務開支，不滿的情緒蔓延伯明罕、利物浦等大城市。

‡ 譯注：罪證確鑿、無合理疑點且罪刑較輕的案件，由治安法官直接審理、裁定。

§ 編注：或譯為內部政治，是斯科特在解釋底層農民日常反抗時提出的概念，指個體為了自我防衛，行動繼而形塑成某種制度。

在我心裡，「底層政治」意味著怠工、盜獵、偷竊、掩蓋、破壞、避役、曠職、竊占與脫逃。何必冒著被槍殺的危險兵變，偷偷開溜不是一樣可以達到目的嗎？為什麼要明火執仗的入侵土地，偷偷摸摸的竊占，實質上不也取得了土地的權利？為什麼要公開申請擁有森林、魚貨、獵物的權利，如果能神不知鬼不覺的盜獵，不也有一樣的效果嗎？在許多個案中，這種暗地裡實質自救的手段，層出不窮，非常風行。講到徵兵、不義之戰或者對於土地、有關大自然的所有權，老百姓也默默的自有盤算，但他們不會明著對抗，因為這得冒著風險。但累積成千上萬，甚至上百萬暗著來的小動作，卻會對戰爭、地權、稅收與財產關係造成劇烈的影響。政治學家與大部分的歷史學家使用大型拖網，打撈政治行動，卻完全遺漏了歷史上的明顯事實——底層階級從來不曾享有公開組織的奢侈，卻不能阻止他們在細微處動手腳、搞合作、陰謀串通，在底層醞釀政治變革。米洛萬．吉拉斯（Milovan Djilas）*在很久以前就注意到：

> 成千上萬的冷漠民眾，步調緩慢、生產低落，再加上禁止他們從事非「社會主義」批准的工作，造成難以數計、隱形卻巨大的浪費，沒有任何共產黨政權避得開這個問題。[3]

這種疏離心態所導致的作為（一句俗諺捕捉到精髓：「我們假裝工作，他們假裝發薪水」），究竟長時間如何累積影響、一點一滴的腐蝕蘇聯集團的經濟存續，恐怕誰也說不清楚吧。

非正式的合作、協調與行動的運作形式，具體實現了沒有階層制度的相互性，這是多數老百姓一般的生活經驗。只有在非常少數的時刻，他們才會公開或者私底下抗拒國家法令與制度。大多數的村民與街坊鄰居就是靠這種非正式、短暫性的協調網絡過日子，不需要正式的組織，遑論階層。換句話說，無政府主義式的相互性經驗，是無所不在的。科林・沃德（Colin Ward）†曾經說，「這不是對未來世界的推測，而是對於一種生活模式的敘述，這種模式存在於日常的人類生活經驗當中，緊挨著我們的運作，就算當前威權主義潮流主導著社會。」[4]

有一個我沒把握準確回答的大哉問是：歷經幾個世紀，國家的存在、權力與無所不在的觸角，是否已經削弱了個人與小型社群的**獨立性**與**自我組織**能力？非正式協調與平等這些以往透過相互性達到的功能，現在改由國家來組織與監督。就像是，在傅科（Michel Foucault）之前普魯東留下的名言：

---

* 譯注：前南斯拉夫的共黨黨員與異議人士，著有《新階級：對共產主義制度的分析》，犀利批評共產制度，風行一時。

† 譯注：英國無政府主義者作家。

> 被統治意味著被沒知識、缺乏品德（virtues）的那群人關注、審視、暗中監視、規範、教化、訓誡、列表並查核、估算、評斷、審查與命令。被統治落實在每一個操作、每一筆交易、每一個動作裡，全都需要被揭露、登記、秤斤論兩、定價、警告、預防、改革、糾舉與校正。[5]

國家霸權與正式階層化的組織，究竟把原本不需國家治理，歷史上自然而然產生的互助、合作能力與實務摧毀到怎樣的程度？逐漸延伸的國家統治觸角，以及自由經濟背後的行動假設，又在怎樣的範圍中，創造了不合群的利己主義者，讓霍布斯認為必須馴服這些人的利維坦就此誕生？有人可能會說：自由國家秩序井然的基礎，建立在早於國家誕生前，透過互助性與協調的慣習（habitus）所形成的社會資本，無法由國家創造，實際上只會遭到國家破壞。從這個觀點而言，國家破壞了由自助所形塑的自然主動性與責任感。更進一步觀察，新自由主義極度提倡個體甚於社會，強調個人產權，貶抑公共財，視土地（自然）與勞動（人類的工作生活）為市場商品，用成本效益分析（cost-benefit analysis，比方說，制訂「影子價格」〔shadow pricing〕計算夕陽或者瀕臨消失的絕景的價格），換算成金錢價格。凡此種種都鼓勵社會計算（social calculation）的習慣，醞釀出社會達爾文主義的氛圍。

我的意思是說：歷經兩個世紀的國家強權（strong state）與自由經濟，可能已經將我們成功改造，讓我們喪失了絕大部分的相互性習慣，現在更面臨變身為危險的掠食者，也就是霍布斯認為人在自然狀態時必然的狀態。利維坦的誕生也因此順理成章的自我證成。

## 無政府主義者眼裡的社會科學操作

無政府主義思想中「以大眾為尊」的傾向，深信自治、自我組織與協調合作的可能性，自成體系，其中一個認知就是將底層農人、工匠與工人視為本身就是政治思想家。他們有自己的目的、價值與實務操作，而所有政治體制都不知道風險而完全無視其存在。非精英階級的能動性（agency）＊鮮少得到重視，通常遭到國家的背叛與社會科學實務上的漠視。造成這種現象的原因，一般咸認為源自於精英階層的特定價值觀、歷史感（a sense of history）與美學品味，有時也

＊ 編注：個人日常生活中做出某項行為的主動能力，通常帶有目的性。

歸咎於政治哲學的基本原理。相反的，對於非精英階層的政治分析，通常都在背地裡進行。透過統計資料研讀他們的「政治」：從包含他們的收入、職業、學歷、持有財產、居住地、種族、族群與宗教等這些「事實」。

這是一個研究操作方式，多數社會科學家不覺得用來研究精英時會有任何不妥。有趣的是，從國家的例行運作到左派威權主義，都只透過對社經地位特質的編碼來對待非精英群眾，或者將「庶民」視作尋常老百姓的需求與世界觀，透過卡路里攝取量、現金、例行工作、消費模式與過往投票行為的向量總和來換算理解。這不是說這些因素沒有重要意義。無論從道德或是科學的角度來看，真正不適當的地方在於：假裝試圖了解人類主體的行為，卻不屑花時間有系統的傾聽庶民怎麼看待自己、如何解釋他們的行為，所顯示出的傲慢。我必須再次強調，他們的自我解釋並不意味著他們會全盤托出，也不代表他們不會刻意省略某些事實，或者沒有不可告人的動機——他們的敘述不會比精英階層的回答更容易被分析理解。

就我看來，社會科學的工作就是以所能蒐羅的所有證據為基礎，提出眼前最佳的解釋，包含那些活在時刻被檢視或控制，具有自己想法與目的性的行動者，他們的說法也特別需要被納入。硬說行動者的觀點無關最終詮釋，實在荒謬至極。如果缺乏行動者對於自身處境的看法，很難想像這會是令人信服的知識。講到人類行動的現象學（phenomenology），我想很少人能比約翰・鄧恩（John Dunn）講得更傳神：

> 如果我們希望了解他人，或者計劃對外宣稱我們實際上達成了，但卻不在意他們在說些什麼，這種態度不僅是輕率，簡直就是粗魯。……沒有取得最好的敘述，也就是本人（行動者）自己的解釋，我們無法宣稱研究者比他更了解自身與其行為。[6]

如果沒有這麼做，就如同犯下了社會科學的罪行，無視創造歷史的行動者。

## 一、兩個重要提醒

在每一章中，都會出現「碎片」這個詞，目的為了警告讀者不要懷有錯誤期待。「碎片」在本書的行文中，比較接近「片段、零散」，並不是指原本一把好端端的壺，掉在地上摔成碎片；也不是一片片的拼圖，重組一下，就可以復原成一只花瓶，或者拼成某一個原初完整的情景。

我並沒有，唉呀，發展出無政府主義的成熟論證，從根本原則開始，建立一個脈絡一貫，可以與，嗯……克魯泡特金親王（Prince Peter Kropotkin）或以撒・柏林（Isaiah Berlin）比擬的政治哲學，遑論約翰・洛克（John Locke）或是卡爾・馬克思（Karl Marx）的境界。如果這是一個考試，測驗我有沒有達到那個程度的嚴密思考體系、夠不夠格自稱為無政府主義思想家，我顯然沒有及格。我在這裡做的、展現在讀者面前的，是一系列的簡扼想法，增添支持那些無政府主義思想大師關於國家、革命與平等的論述。

這本書也不是系統性檢視無政府主義思想家與無政府運動的學術著作，雖然這麼做會讓人閱讀後有所啟發。因此讀者無法在書中，讀到普魯東、巴枯寧、馬拉泰斯塔（Errico Malatesta）、西斯蒙第（Jean Charles Léonard de Sismondi）、托爾斯泰（Leo Tolstoy）、拉克（Rudolf Rocker）、托克維爾（Alexis de Tocqueville），或者藍鐸（Gustav Landauer），儘管我的確拜讀過絕大多數無政府理論家的著作。同樣的道理，讀者在本書中也找不到無政府主義或類似無政府主義運動的記述，比方說，波蘭的團結工聯（Solidarność）、西班牙內戰期間無政府主義者，或者阿根廷、義大利與法國無政府主義工人——雖然我盡可能的廣泛閱讀，不錯過「實際存在的無政府主義」以及主要的無政府主義理論家。

「碎片」還有第二層意義。對我而言，代表了一種風格與表現的實驗。我的前兩本書（《國家的視角》〔*Seeing Like a State*〕與《不被統治的藝術》〔*The Art of Not Being Governed*〕）有點像是蒙提．派森（Monty Python）*為了嘲諷中世紀戰爭，精心建造的攻城重器械，在結構上煞費思量。我在好些十六英尺的捲紙上，列出大綱與圖表，再加上鉅細靡遺、數以千計細小的註記與參考書目。有次，我跟亞倫．麥克法蘭（Alan MacFarlane）閒談，無意間跟他抱怨，連我自己都受不了我那沉悶呆板的寫作習慣。他引介我散文家小泉八雲（Lafcadio Hearn）的技巧，訴諸直覺，不受寫作規範約束，如同對話般的起頭，隨即呈現最引人入勝、難以釋卷的論述要點，再大致針對核心加以有機地論述。以下就是我的嘗試：撇去傳統對社會科學書寫規範的行禮如儀，甚至針對我的書寫風格，也像亞倫所建議我的，希望行文對讀者更加友善——這當然也是一本具無政府主義傾向的書所該追求的。

* 譯注：英國超現實幽默的傳奇喜劇表演團體，又譯為巨蟒劇團、蒙提巨蟒或踎低噴飯。

# 一、失序與克里斯瑪的功用

## 碎片一　斯科特無政府暖身操法則

這個法則是一九九〇年仲夏，我在德國新布蘭登堡（Neubrandenburg）發明的。

在前往柏林高級研究院（Wissenschaftskolleg）客座一年之前，為了提升我僅存不多的德語能力，興起在農場打工的念頭，因為我實在懶得去上歌德文化中心（Goethe Institut center）的語言課，跟那群還長著青春痘的毛頭小鬼廝混。柏林圍牆一年前倒塌，我計劃在東德，找家朝「合作化」改造的集體農場棲身。柏林高級研究院裡的朋友，有位近親的姊夫，正好是東德普里茲（Pletz）一個小村莊集體農場的領導。雖然心下狐疑，但是看在每週房租如此豐厚的份上，那位姊夫還是同意提供食宿，讓我在農場打工。

我破釜沉舟、置諸死地的語言實習計畫，算是相當完美；但若以愉快的農場啟發之旅的標準來看，卻是一場夢魘。村民，尤其是負責接待我的房東，頗為猜忌我此行的目的。難道我是來查集體農場的舊帳，揭發是否有不為人知的「異常侵吞」？或者，我是荷蘭農夫的先遣部隊，在蘇聯社會主義附庸國崩解之後，跑來這裡搶奪獵取土地出租的先機？

普里茲集體農場是東歐集團經濟何以崩潰的鮮明例證，專門種植「澱粉馬鈴薯」，無法製作薯條，實在沒飼料了，豬，也許能湊合湊合的吃。這種馬鈴薯原本設定的功能是經精煉後，提供東歐化妝品所需的澱粉基底。但是從柏林圍牆倒塌的那一天開始，東歐衛星國家的化妝品市場，怎麼也回不到先前的水平。一座座小山似的澱粉馬鈴薯，堆在鐵道兩旁，在夏天烈日曝曬下，任其腐敗。

我的東道主在琢磨未來會有什麼不可測的變局，以及在這過程中我究竟扮演什麼角色之餘，更擔心眼前的麻煩：我有聽沒怎麼懂的德文理解能力，會不會有危及小農場的風險？比方說，我會不會開錯柵欄門，讓豬隻跑到鄰居的田地？我會不會把餵牛的飼料拿去餵鵝？我在農場工作的時候，是不是**始終**記得鎖好門，不讓吉普賽人闖進來？我在第一週狀況百出，讓他們有足夠的理由，對我多提防點。他們總喜歡扯著喉嚨叫我，希望透過高亢的聲音克服語言障礙，但終究徒勞無功。他們勉強維持表面上的禮貌，不過，在晚餐桌上，其他人暗地交換的眼神告訴我，他們的耐心已經快要耗光了。我在充滿疑慮氣氛裡勞動，我明擺在眾人眼前的不適任與理解能力低落，壓得我格外緊張。

我覺得，在沒把自己跟農場夥伴逼瘋之前，每週一天我得到鄰近的新布蘭登堡走走。不過，要到那兒去也不容易。火車不會停靠普里茲，除非你在鐵道邊插根旗幟，告訴司機本站有乘客候車；回程的時候，得提前告訴車掌，你要在普里茲下車，他才會在綿延的田間，找個地方停下來，放你下車。進了城裡，我就在街上晃晃，最常光顧咖啡廳或者酒吧，假裝看德文報紙（偷偷翻閱小字典），盡可能不要引人注意。

從新布蘭登堡返回的火車，一天只有一班，抵達普里茲的時間大概是晚上十點。萬一錯過了，就得在這個陌生的城市裡，跟流浪漢一樣設法打發整個夜晚。所以，我至少在半小時前，就趕到車站。我在這兒晃蕩了六或七個禮拜，每個禮拜都會上演一幕很妙的場景。我有足夠的時間，身兼觀察者與參與者，從容思考。「無政府暖身操」這個概念就是在此時誕生，人類學家或許會稱我的研究方法為「參與觀察」。

再怎麼說，火車站外好歹也是新布蘭登堡最重要的十字路口。白天，算是車水馬龍，行人、車輛、卡車，還有交通號誌規範行止。入夜之後，車輛幾乎絕跡，相反的，卻有不少行人上街漫步，享受清涼的晚風。一般而言，晚上九點到十點間，路上大概會有五六十個行人，好些喝得步履蹣跚，穿越十字路口。交通號誌的變換間隔，根據我的推測，還是根據白天熙來攘往的車輛密度，並沒有考慮到夜幕低垂之後，行人數量變多的實際情況。一次又一次，這五六十個人都耐心的在街角等候號誌變成綠燈：四分鐘、五分鐘，也許更久，感覺像是永恆。新布蘭登堡位於梅克倫堡（Mecklenburg Plains）平原，一望無際。站在十字街口眺望四方，起碼都可以看到一哩開外，通常都沒有半輛車子。非常非常偶爾，會有一部小小的衛星（Trabant）*孤零零、慢吞吞，拖著一屁股黑煙，悠然駛過十字街口。

根據我在十字街口的實地觀察，大概五個小時內，會有兩名行人等得不耐煩，不顧燈號，擅自闖過十字路口，每次都會引發背後七嘴八舌的斥責，指指點點，頻頻表示難以贊同。我是這個場景的一部分。如果我因為稍早的德語表達荒腔走板，導致信心潰散，多半就會混在人群中，乖乖的等待綠燈，完全不敢冒著可能遭到白眼的壓力硬闖。但如果我德語講得得心應「口」（通常這機率不高），自信陡升，就會無視燈號，鼓起餘勇往前衝，為了壯膽，一邊想著在這種情形死守著無關緊要的法律規定實在很蠢，呆呆站著實在不合理。

想想，連自己都覺得意外。只為了闖紅燈過街，我要鼓起多大的勇氣，橫眉冷對外界的質疑。訴諸理性得來的信心，在面對譴責的壓力時，竟是如此不堪一擊。昂首闊步闖越十字路口，也許流露出滿不在乎的印象，但在一般情況下，我多半沒這膽子。

* 譯注：東德製的國民車，盛產於一九六〇至八〇年代。

為了合理化我的行為，我在內心預演了一段小小的演講，假設自己能用熟練的德語傳達。我想要這麼解釋：「知道嗎？你們，特別是你們祖父母那一代，應該要有一些違反法律的勇氣。有一天，道德與理性會號召你們挺身而出，打破重大的法律規定。全靠這一點了。你們必須有所準備。當真正重大的抉擇橫亙在面前，你們準備好了嗎？你們必須保持在『狀態』中，當真正的挑戰迎面而來，就得承受衝擊。所以你們需要『無政府暖身操』。每隔幾天就違反一些無關緊要的不合理規定，亂過馬路也成。用自己的大腦去判斷：這法律真的公正嗎？合理嗎？如此一來，就能儲備能量；當重要時刻到來，自然準備就緒。」

要判斷何時違反規定才算合理，需要縝密的思考，即便像是亂闖馬路這種相對無害的瑣事。有一次，我到荷蘭拜訪一位學術成就素來受我敬仰的退休教授，體悟到這點。這位荷蘭教授是眾所皆知的毛澤東思想支持者（Maoist），替文化大革命辯護，是荷蘭學術界的好戰分子。他邀請我到小城瓦赫寧根（Wageningen）公寓附近的中國餐館吃午飯，途經十字街口時亮起了紅燈。瓦赫寧根跟新布蘭登堡一樣，一馬平川，從四面八方望出去，都可以看到大老遠。我一看到什麼車都沒有，想都沒想，就往馬路走去，才一抬腳，威爾泰姆（Willem Frederik Wertheim）教授就開口了，「詹姆斯，你得等一下。」我趕緊閃回人行道，發出微弱的抗議：「但是，威爾泰姆教授，路上根本沒有車啊。」「詹姆斯，這對孩子來說是很壞的示範。」他立刻回答。我既受到了訓斥，也學到了一課。信奉毛主義的好戰分子，居然如此體貼入微、展現如此強烈的（恕我斗膽添上「荷蘭的」）公民責任感；而我，卻如洋基牛仔般的一味莽撞，完全沒顧慮我的行為可能會對其他市民朋友造成影響。現在，每當我想亂闖馬路，一定左顧右盼，確定現場沒有孩童，以免我的壞榜樣讓他們以後可能遇險。

新布蘭登堡農場打工到了尾聲的時候，有起更公眾的事件，以戲劇性的方式明目張膽的挑戰陳規。我從當地報紙一個小小的版面上，得知一群西德的（這個國家要在一個月後，才會真正的統一〔Einheit〕）無政府主義者，開著一部拖板車，載著一個混凝紙（papier mâché）雕像，從這個城市的廣場，巡迴到下個廣場。上面是一個奔跑的人的剪影，雕嵌進花崗岩內，題為「紀念兩次大戰中不知名的逃兵」（Denkmal an die unbekannten Deserteure der beiden Weltkriege），並陳述著這則傳奇：「紀念這些拒絕屠戮自己同胞的人」。

這個無政府主義者的姿態，鮮明的闖進我心中，挑戰幾乎放諸四海皆準的「無名士兵」主旋律：雖然姓名不詳、面目模糊，但「每位戰士」都為了實現國家的目標，光榮投入戰役。即便在德國、即便在非常近期的前東德（自詡為「日耳曼土地上第一個社會主義國家」），也明確不歡迎這種挑釁的理念。在德國進步派分子的腦海裡，不論他們有多麼反對前德國納粹的意圖，但對於這批捨身奮戰的士兵，對於他們的忠誠與犧牲，依舊保持著不打任何折扣的敬意。好兵帥克（The Good Soldier Švejk）*，捷克的反英雄，寧可窩在溫暖的火爐邊享用香腸與啤酒，也不願替國家出征，這或許是貝托爾特．布萊希特（Bertolt Brecht）人民反戰的模範，但在東德即將收場的暮光中，這個反諷的紙糊塑像卻讓市政官員們笑不出來。一待當局集結警力趕走拖板車，巡迴展覽也只好匆匆謝幕往下一個城市。於是你追我跑的遊戲開始：從馬德堡、波茨坦、東柏林、彼特費爾德，到哈雷、萊比錫、威瑪、卡爾馬克思城（後改名為肯尼茲），再到新布蘭登堡、羅斯托克，最後回到聯邦國的首都波昂。遊走城市的躲貓貓展覽所引發的騷亂，以及帶動的關注度，或許正是活動發起者希望達到的目的。

這個噱頭受益於柏林圍牆倒塌後兩年，瀰漫於全德國激昂浮躁的氣氛，快速的傳染開來。很快的，進步派人士與無政府主義者就在德國各城市，創作不同的裝置藝術向逃兵致敬。傳統上被視為怯懦及背叛的行動，突然間，竟然變成光榮的、甚至值得仿效的目標。德國因為服從於以泯滅人性為目標的愛國主義，很明顯付出了慘痛的代價；也難怪他們會率先公開質疑服從的價值，並且在城市廣場放置各種逃兵的紀念象徵，而不是神聖化馬丁．路德、腓特烈大帝、俾斯麥、歌德或者席勒的紀念碑。

紀念逃兵在概念與美學上都深具挑戰。在德國，的確有幾座紀念逃兵的雕塑，具有永恆的藝術價值。比方說漢娜・史特茲・曼佐爾（Hannah Stetz Menzel）在烏爾姆（Ulm）的作品，苦心孤詣，至少說明了這種不服從的表態，儘管必須冒著風險，卻蘊藏鼓舞的力量，持續感染傳播。

* 譯注：捷克作家雅洛斯拉夫・哈謝克（Jaroslav Hašek）小說作品中的主角。

圖1.1　德國波茨坦「無名逃兵紀念碑」，創作者Mehmet Aksoy。
（圖片來源：Botaurus at German Wikipedia）

## 碎片二 論不服從的重要性

不服從行動一旦有了先例，特別是引發連鎖效應、開始有人加入模仿的行列，更會勾起人們的興趣。而我們的關注重點，比較少在個體層面上的怯懦情緒或意識，更多會著重在能夠引發劇烈政治效應的社會現象。將無數小小的抗拒行為加乘起來，到最後，會累積成極度的混亂，打亂政府領導者或高官將領原本憑空勾勒出的計畫。小規模的不服從行為一般上不了媒體頭條。但就像是幾百萬隻珊瑚蟲，無論如何，就是會堆積成珊瑚礁；就如同成千上萬不服從或規避的行為，也會匯聚成經濟上或政治上的障礙。心照不宣的雙方共謀，會聯手遮掩住暗中行事。因為肇事者不想引發外界關注，不被看見確保了他們的安全；另一頭，官員也不樂見不服從行動升級引發注目，因為這樣會冒著鼓勵大家起而效尤的風險，而且若被發現無力進行道德管控，簡直是自暴其短。結果出乎意料地造成了沉默的同盟，立場南轅北轍的雙方讓不服從在歷史上消失匿跡。

但是，我在別的地方曾經使用「日常形式的反抗」（everyday forms of resistance）來形容，這些行動累積起來，經常發生巨大甚至關鍵性的影響，暗地裡牽動政權、國家甚至軍隊的走向。美國內戰期間，南方的美利堅聯盟國（Confederate states），最終潰敗，幾乎可以歸因於逃兵與不服從行動，逐漸堆累成積重難返的壓力。一八六二年的秋天，大戰爆發後一年多，南方的田地普遍歉收。士兵，特別是住在偏遠地方、家裡沒有蓄奴的自耕農，頻頻收到家書，催促他們趕緊回來救救餓著肚皮的家人。成千上萬的士兵真的開溜了，有的是整個單位消失，連武器都帶走。一旦返回家園，絕大多數的逃兵在整個戰爭期間，都積極的抗拒徵兵。

之後，一八六三年冬天，北軍在宣教嶺（Missionary Ridge）取得決定性的勝利，南軍已露敗象，逃兵再度成為名副其實的軍力大出血，特別是內陸地區的小農場主人認為奴隸制對他們沒好處，犯不著把自己的性命也賭上去。這些人的態度可以用當時流行於南方的一句口號總結：「富人的戰爭，窮人上戰場。」事實更強化了這句俚語的可信度：當時規定，擁有二十名以上黑奴的家庭，可以留一個孩子，據說是為了管理勞工紀律。總計約二十五萬的役齡青年躲避徵調。南方的人口本來就不及北方，再一記重擊是好些在邊境的奴隸，越過分界逃到北方，其中許多人也加入了北軍。不只如此，留在南方的奴隸人口，受到北軍步步進逼的鼓舞，也不願意消耗體力在生產軍需品，他們故意怠工，逮著機會就閃人，躲進像是維吉尼亞州與北卡羅萊納州交界的迪斯莫爾沼澤（Great Dismal Swamp）避難，這裡荒煙蔓草，難以追查行蹤。就這樣成千上萬的暗地累積，包括臨陣脫逃、怠忽職守、不辭而別，無意驚動任何人，只想逃避查緝，放大了北方的人力與工業優勢，同時也可能是南方最終戰敗的關鍵因素。

拿破崙的征服戰爭也難抵不服從行動一波波的來襲，鎩羽而歸[1]。當時，最響亮的口號是：拿破崙麾下每位士兵的背包中，都帶著法國革命的理想征戰歐陸。但我們也可毫不誇張的認定：這些本應肩負著理想的士兵，也因為不服從而大幅刻蝕局限了征服的版圖。不論是一七九四年到一七九六年的共和國，還是一八一二年開始的拿破崙帝國體制下，在鄉間清查役齡人力，都推行得礙手礙腳。從家庭、村莊、地方官員到整個城鎮，都共謀歡迎叛離軍旅的返鄉逃兵，全都串通好窩藏躲避徵兵的役齡青年，為此有的人還把右手指頭砍了一兩根下來。躲避徵兵與逃兵的比例，可以視為政權受歡迎程度的公民投票。對拿破崙的後勤官而言，這種「用腳投票」的選民，具有無比重要的戰略意義。投票結果很明顯。第一共和與拿破崙帝國的國民，可能雙手擁抱普世公民（universal citizenship）的承諾，但隨之而來，理所當然的雙胞胎——全民徵兵，他們可就避之唯恐不及了。

退後一兩步來看，這些行為有些值得額外關注的特點——實際上幾乎都是匿名的，不會「行不更名，坐不改姓」的大聲嚷嚷。事實上，正是不張揚的低調才會有效。逃兵迥異於叛變。叛變是公然挑戰帶隊軍官；逃兵不用公開鼓動宣揚、不用寫文章宣告，只要悶不作聲，腳底抹油就成。一旦逃兵過甚，實況曝光，無法確切掌握兵源，統帥的企圖心便會受到限制。美國在打天怒人怨的越戰之際，據傳，好些不斷命令手下，進行「死亡巡邏」的軍官遭到「碎片化」（**fragging**）處理，一顆碎片手榴彈（**fragmentation grenade**）朝他們迎面扔來。這種報復手段的確非常激烈暴力，但基本上還是匿名行為，主要是被徵調來的士兵，希望能減少風險。大家可以想像得到：這種「碎片化」的新聞被揭露之後，姑且不論真假，軍官在派遣任務時，不免遲疑，不會主動讓自己或者手下的弟兄執行過於危險的任務。據我所知，還沒有任何研究，深入探討「碎片化」現象，無法確認詳情，遑論對於戰爭的走向與終止，造成怎樣的影響。這個案例也一樣，在心照不宣的默契下，悶不作聲，雙方同蒙其利。

沉默低調、隱姓埋名，卻又暗地勾結，違法、不服從，在歷史上，是農民、下級階級最喜歡採取的政治行動模式。對他們來說，公然叫陣實在太危險了。一六五〇年到一八五〇年，這兩個世紀以來，在皇家領地與私人土地上，盜竊（森林、野味、魚蝦、柴火、秣料）是英國最受歡迎的犯罪行為。我所謂的「受歡迎」指的是一般老百姓由衷贊成，也最常有機會可以上下其手的利己行為。鄉下的老百姓，根本不接受皇家、貴族宣稱的產權；對他們而言，森林、溪流與開放土地（包括荒野、沼澤、開放草場），就是「大自然餽贈的免費禮物」。他們集體、持續違反財產法，行徑之大膽，讓好些地方的仕紳公開承認，他們的產權根本就是一堆廢紙。但是，這種大規模的財產權衝突，只是底下人的偷雞摸狗，絕對不是公開宣戰。另外一個大夥兒私下串連的明顯證據是：獵場管理者從來沒有找到任何村民願意出任官方證人。

在歷史上，爭奪產權的鬥爭中，隔著壁壘對峙的雙方，都會尋求稱手的武器。仕紳精英掌握國家的立法機器，圈地法（bills of closure）、文件憑證（paper titles）、永久產權（freehold tenure）盡在囊中，還不包括警察、獵場管理者、森林守衛員、法庭與絞刑架等諸多機制，等著伺候侵犯產權的老百姓。農民跟底層群體無法接觸到這樣的重武器，只好動用盜獵、偷竊、占用等手段與之抗衡，尋找自己的生路。偷偷摸摸、隱姓埋名，跟逃兵一樣，這就是「弱者的武器」；道理與公開叫陣完全相反，雖然兩者的目的一模一樣。相較於叛變，逃兵是風險低得多的選項，同樣的道理，入侵土地，代價過高，占用還比較乾脆。盜獵也比公開宣稱擁有林木、獵物、魚獲的產權，來得簡單。對今日世界絕大多數的人，以及歷史上絕大多數的底層人民而言，這些求生技巧就是日常僅存、觸手可及的政治形式。如果他們失敗了，才會鋌而走險，走上公開衝突的道路：騷動、作亂、起義、造反。這些奪權手段會突然出現在官方紀錄，在檔案裡留下線索，讓最喜歡在裡面搜查蛛絲馬跡的歷史學家與社會學家，霎時擁有證據，在階級鬥爭的整體理論中，興高采烈的為他們安排個重要角色。尋常日子裡的不服從行動，安安靜靜、只求苟活，絕不搖旗吶喊，可以輕易躲過檔案蒐羅的雷達。沒有行政記錄人員，不寫宣言，缺乏固定組織，誰會去關注呢？這真的是底層政治參與者念茲在茲的一點：千萬別驚動外界。你可以這麼說：歷史上，農民與底層階級就是要離歷史檔案越遠越好。一旦他們露臉了，你就知道，大事一定不妙。

如果我們放寬檢視底層政治活動的頻寬，從匿名的小打小鬧，到明火執仗的大規模叛變，就會知道比較危險的公開對陣之前，暗地威脅與暴力行為發生的節奏，會逐步加快：威脅信、縱火與揚言縱火、殘殺牲口、蓄意破壞，或者趁著夜間毀損機器，不一而足。在歷史上，地方仕紳與官員都知道這可能是庶民造反的前兆；參與者故意表露心跡，希望當權者能夠接收到。現代精英倒是能夠心領神會，不服從行動的頻率與「威脅層級」（這倒是跟美國國土安全部前後呼應）提升是不滿與政治騷亂的前兆。青年卡爾．馬克思在早期的讀者投書中，曾經詳細闡釋萊茵蘭（Rhineland）工廠失業以及資方拒付薪資，與在私人土地竊取柴火的起訴頻率，兩者之間有相關性。

這種違法行徑，我想，是一種集體行動的特殊次類型。一般認不太出來，主要的原因是：他們不會公開宣示，而且動機不過牟一己私利。誰會去討論：盜獵得手，在溫暖的火爐邊，享用燉得香噴噴的兔子湯比較有趣，還是跟貴族力爭柴火與獵物產權誰屬，比較好玩？倒是有件事情非常確定，這些人絕對無意留下什麼紀錄，方便後世的史學家解釋他們的動機。偷砍樹木、盜獵野味，掩蓋行動與動機，不為人知，就大功告成。但是，這種違法行為要能夠長期維持，主要靠的是他與朋友、鄰居之間心照不宣的密謀。他們自認有權利取用森林裡的資源，不管在怎樣的情況下盜獵，都不會有人出面作證，或者將他們扭送至當權者。

並不需要簽訂什麼攻守同盟，才能達到共謀的實際效果。許多政權，可能是一次退讓一點，慢慢的向所謂的「愛爾蘭民主」（Irish democracy）*靠攏，寧可向頑強抵抗、機動撤退、粗魯無文卻又悶不作聲的一般老百姓低頭，也不要他們充任革命的急先鋒，或者加入暴亂群眾的行列。

## 碎片三　再論不服從

這種無須言語的默契，暗自違法的行為，會相互模仿，造成集體行動的效果，其實沒有什麼不便，也不必冒什麼風險，我們可以用時速限制加以說明。假設每小時的時速限制是五十五哩，但是交通警察一般不會抓五十六、五十七、五十八……乃至六十哩的駕駛，對吧？即便就法律的觀點而言，這些人都超速了。這就是割讓給「不服從領地」的空間，一旦拿到了，疆域就固定下來，路上的交通大致以時速六十哩的速度前進。但是六十一、六十二、六十三哩呢？駕駛暗自推論，比事實上的限制，再快個一兩哩，應該也不成問題吧？很快的，從六十哩通融到六十五哩，也被納進領地內了。所有的駕駛都加速到六十五哩左右，前後左右的車子大約都開到這個速度，駕駛融入車流裡，等於是進入相互倚賴的免疫罩，確保自己不會被交警盯上。從觀察周邊動靜開始，不動聲色接受協調，融入群體行動中，眾人聯手塑造出一種傳染的效果。這裡並沒有什麼「駕駛者中央委員會」，密謀策畫，鼓動市民參與不服從抗議。當然，到了某個臨界點，警方就會介入，開罰單或者拘捕；但是警方的行事模式，自然也在駕駛者計算之中。他們得考慮一下，決定自己到底該開多快。總有趕時間的駕駛，會挑戰容忍上限；不管什麼原因，只要執法出了差錯，新增的速度就會擴增容忍範圍。作為一種類比，千萬別把這種暗地裡的小勾當推想得太過頭。超速只是貪圖一時方便，並不是什麼權利或有人會因此蒙受不平；而超速者受到交警執法的懲罰相較輕微。（假設一個完全相反的場景，時速限制是五十五哩。打個比方，全國只有三個

---

＊　譯注：民眾被動但大規模的抵制政治指令與法規。

警察，只能抓五到六個超速駕駛，但一抓到就是立刻處決並在州際公路上吊行示眾。我在這裡的描述立刻傳出尖銳的煞車聲，戛然而止！）

我還注意到另外一種類似的模式，在既成道路之外，自闢「捷徑」，最終被鋪成馬路。想像一種日常的行進現象，行人只能走鋪設好的道路，規定走正三角形的兩邊，不能走直抵終點的斜邊（因為沒有鋪路）。但如果有人冒險走捷徑，又沒人阻止，會有很高的機率吸引更多人趕時間，群起效尤。捷徑上人來人往，如果道路管理單位睜一隻眼，閉一隻眼，久而久之，捷徑很可能鋪設成為馬路。這就是默會協作。幾乎所有的老城街道，打從小聚落開始，就是根據前述的過程逐漸成形的。每天來往市場、教堂、學校或者是工匠作坊，行人習慣怎麼走，馬車留下怎樣的軌跡，正式的馬路最後就怎麼鋪設。莊子說「道行之而成」，就是這個意思。

無論是在普通法（common）還是實在法（positive）系中，這種原本見不得光的勾當，演變成習俗，逐漸進入法律明文規定的過程，都不少見。在英美法系中，「時效取得」（adverse possession）*就是最具代表性的例證。不管是入侵或者侵占他人的產業，只要經過一定的時間，不要中斷，即可宣稱合法擁有，接受法律的保護。在法國，侵占他人產業的實際運作，更是由來已久，已經被視為是習俗的一部分，經過認證，同樣能建立法律權利。

在極權統治下，態勢至為明顯：被統治者無法選舉代表，來捍衛他們的主張，也沒有群眾抗議（示威、罷工、有組織的社會運動與異議媒體）的合法手段，別無倚靠，他們也只好怠工、破壞、侵占、盜竊，與最不得已的時候，被迫反叛。代議民主已經是體制的一部分，加上言論自由與集會自由，使得現代公民無須訴諸已然過時的抗爭手段。畢竟，代表民主制度的核心，就是讓民主多數有機會透過體制實現他們的訴求，無論企圖有多大，也必須依循徹底制度化的形式。

只是殘酷的現實卻很反諷：崇高的民主承諾鮮少實現。在十九、二十世紀，偉大的政治改革，多半都充斥著大規模的市民不服從、暴亂、違法與脫序，幾乎進逼內戰邊緣。伴隨著激烈政治變革一道出現的動盪，經常也是推動改革的工具。

可悲的是，代議政體與選舉本身，在缺乏，比方說，經濟蕭條或者國際戰爭這種強大的不可抗拒力時的情況下，完全不可能啟動決定性的改革。在自由民主體制裡，財產與財富集中，最有錢的頂級階層，坐擁地位優勢，得以接近媒體，發揮文化與政治的影響力；也難怪，葛蘭西（Antonio Gramsci）曾經揭露，給與勞動階層投票權，並無法直接轉化成基進的政治變遷。[2] 尋常

* 編注：又稱「逆權侵占」，為了取得占有標的之不動產所有權。

的國會政治最突出的特點就是因循怠惰，並沒有策動大幅改革的活力。

如果推論大致正確，我們就有義務面對如下的矛盾：**違法的貢獻與騷亂推動民主的政治變革**。二十世紀的美國就是一個很好的例子，我們至少可以分辨出兩個大改革的時代：一是一九三〇年代經濟大蕭條時期；二是一九六〇年代風起雲湧的民權運動時期。從這個角度來看，這兩段時間中最引人注目的共通特點，就是大規模的騷亂嚴重威脅公共秩序，卻同時扮演改革的關鍵推手。

當時最能代表重大政策調整的，就是失業補償制度的建立、大型公共工程的推動、社會保險援助與農業調整法（Agricultural Adjustment Act）陸續施行，我們可以很篤定的說，這都是為了因應世界性的經濟大蕭條。經濟危機構成政治上難以承受之重，源頭並不是收入與失業惡化的統計數字，而是一發不可收拾的罷工、搶奪、抗租，準暴力（quasi-violent）包圍救濟單位與騷亂，將我母親嘴裡「上帝的恐懼」的沉重壓力，強壓在政治與商業精英肩頭。他們深受震撼，認為革命的因子已經發酵，蠢蠢欲動。問題是：一開頭，革命的因子**並未體制化**；換句話說，並不受政黨、行業工會或者有組織的社會運動形塑，沒有脈絡一貫的政策程序。相反的，它在本質上毫無結構可言，亂成一團，卻嚴重威脅到既存秩序。當局找不到人討價還價，就算是調整政策，也沒法保證一定能換取和平。威脅的程度也跟**缺乏**制度的程度成正比。你可以跟工會或者改革運動者協商，把他們嵌進體制機器運作。罷工是一回事，野貓罷工（**wildcat strike**）可是另外一回事；就連工會領袖也無法叫野貓罷工者收手。抗議，不管規模多大，有人領導是一回事，暴民四處流竄也是另外一回事。後者缺乏一致的訴求，也沒有人可以出面談判。

大規模、即時性的暴力好戰、撕裂瓦解，威脅到公共秩序，追根究柢通常是失業率遽增以及運氣不壞沒被資遣，但薪資大幅打折的拮据。支持例行政治的正常條件瞬間蒸發。例行治理、體制內反對勢力的日常運作與代議政治，全都派不上用場。在個人的層次上，這種「去例行化」會滋生流民、犯罪與各種破壞行為。在集體行動的層次上，變成了暴動、占領工廠、暴力罷工與騷亂示威等自發性對抗形式。急就章的改革搬上檯面，就是因為大蕭條釋放諸多社會力量，遠非政治精英、資產家**以及**（**需要格外關注的**）行業工會與左派政黨所能控制。簡單來說，上層精英是被逼著改變的。

我有位同事，素來敏銳，根據他的觀察，西方民主經常服務上層利益，比方說，前百分之二十的財富與薪資擁有者。他還補充說，確保這個圖謀運作順暢的技巧在於說服，特別是在選舉的時候，要說服緊跟在後的百分之三十到三十五的收入區間，去害怕最貧窮的百分之五十，不要羨慕最富有的百分之二十。這個相對成功的策略，可以用超過半個世紀貧富差距——近來還嚴重惡化——卻始終無法拉近的現實來判斷。不過，前述策略也有黔驢技窮的時候，那就是當群眾憤怒溢出正常宣洩管道，進逼例行政治運作的範圍。例行的、體制化的自由民主政治，揭露出的殘酷現實是：窮人利益多半遭到忽視，直到或是除非，發生一個突如其來卻又極其險惡的危機，迫使勞苦大眾走上街頭。小馬丁．路德．金恩說得最傳神：「暴動是不曾被傾聽的語言。」大規模的破壞、騷動，下意識的挑釁是窮人最有潛力的政治訴求。這種行徑也不能說毫無章法，其結構受到正式政治體制外的鄰里、工作與家庭網絡所塑造，具有非正式、自我組織（self-organized）與短暫彈性的特性。這結構也還過得去，別想成是修補體制政治的替代方案就成。

或許自由民主制度最致命的失敗，就是無法透過現有體制，保護弱勢人民最在意的經濟與安全利益。民主的進步與更新，看來主要是靠體制外的嚴重失序步步緊逼，而與和平變革制度化的民主承諾恰恰相反。在政治系統重新合法化（relegitimated）的過程中，民主政治理論疏忽了危機與制度失敗，在社會與政治改革關鍵進程中扮演的核心角色，堪稱最嚴重的挫敗。

但事實上，要說大規模的群眾動亂永遠會，大致上，也會導致重要的結構性改革，並不見得正確，甚至還有些危險。有的時候，騷亂會帶動更嚴厲的鎮壓、對公民權利的限制，在極端的個案中，甚至還導致代議民主政府垮台。不過，不容否認，重大改革幾乎都是從爆發嚴重脫序現象，拉開序幕，繼之政治精英急謀圍堵，推動試圖將之導入常軌。有人可能會合理的期待，集會遊行能夠再「合理非」一些，訴諸於非暴力、法律、民主權利，尋求更高的道德基礎。暫且把這種偏好放到一邊，結構性改革鮮少由和平斯文的訴求啟動。

行業工會、政黨甚至基進社會運動的工作，正是把桀驁不馴的抗議與憤怒納入體制。你甚至可以說，它們的功能就是將憤怒、挫折、痛苦，「轉譯」（translate）成脈絡通貫的政治計畫，形成政策制訂與立法的基礎。在不受控制的群眾與制訂規則的精英之間，建立一條傳動帶。其中隱含的假設是：如果兩者配合得好，它們就能形塑政治訴求，原則上，讓立法機構得以消化；並在這過程中，透過可行的方式，代表群眾，或者大部分群眾的利益，提供政策制訂者參考，便可約束並且重新控制騷亂的群眾。在鞏固選民忠誠度，進而控制他們理應代表的選區利益，政策制訂者會跟「轉譯機制」（institutions of translation）折衝、協商，但前提必須是「譯者」要能夠號召群眾輸誠，進而控制那些被他們所代表的選民。從這個意義上，我們可以毫不誇張的說：這種組織化的利益根本就寄生在備受冷落的選民，自發性的反抗上。明明有照顧他們利益的發聲管道，卻嚴重淤塞。就在這個時候，挑釁的群眾其實擁有驅策政治精英的影響力；迫使他們出面圍堵、疏通群眾的不安，導回政治常軌。

這裡有另外一個矛盾：在緊要關頭，經過組織的進步訴求達到能見度、攫取影響力，倚靠的基礎是既沒被煽動，也不受控制的群眾反抗。問題是，這種影響力源自另外一個假設：狼奔豕突的群眾必須要能接受約束、逐漸收斂，返回正常的政治運作。如果他們成功了，矛盾反而加深；因為這表示產生影響力的動能削弱，自然連帶減損左右政策制定的能力。

一九六〇年的民權運動、聯邦選民登記制度在實施隔離政策的南方加速推行、選舉權利法（Voting Rights Act）通過，大致符合這個模式。全面的選民登記[*]、自由乘坐（Freedom Rides）[†]、靜坐（sit in）[‡]其實源自於許多倡議核心以及後續模仿組織的共同努力。此起彼落的抗議情緒，無法協調、不可能組織，更不受專責機構的約束，連學生非暴力協調委員會（Student Non-Violence Coordinating Committee）都無能為力，更不要說老牌主流的民權組織，諸如全國有色人種協進會（National Association for the Advancement of Colored People）、種族平等大會（Congress on Racial Equality）、南方基督教領袖會議（South Christian Leadership Conference）。目不暇給的社會運動帶動激情、自發與創意，層出不窮、遙遙領先，根本不是任何組織代表得了，遑論協調疏導。

維護種族隔離制度的警察與公眾權威，暴力相對，激起更廣泛的衝突，公共秩序難以維護，危機遍及南方各州。委靡已久的立法機構突然振奮起來，約翰與羅伯特・甘迺迪兄弟設法圍堵逐漸蔓延的騷動與示威，在冷戰宣傳攻防的時空背景下，他們的改革更加果決，避免因為南方各州的暴力，讓美國被說成是種族主義國家。在很短的時間裡，大規模的暴力與脫序，導致和平組織與遊說團體數十年都達不到的成果。

我在這本書的開頭，曾經舉了日常生活裡的一個小例子，追憶我在新布蘭登堡擅闖紅綠燈的往事。目的不是替犯法辯護，省去那幾分鐘時間，也沒什麼好拿來說嘴的。我想要闡明的是：不經思考就服從的習慣，根深柢固，卻禁不起深思熟慮，容易導致大家都覺得荒謬的狀況。過去三百年來，所有偉大解放運動的起點，都是跟某種法律秩序正面對決，更不用說還有列陣在前的警力。要不是有好些勇敢的靈魂揭竿而起，打破那些法律與習俗（比方說，透過靜坐、示威、大規模的違犯既定法律），必定難克服傳統的障礙。破壞行動在義憤、挫折與怒火的助燃下，清楚的

---

* 譯注：美國南方對於黑人選民諸多刁難，甚至要求他們通過讀寫能力測驗，才允許登記為選民。
† 譯注：美國的民權運動者從一九六一年開始，前往種族隔離最嚴重的南方州親身經歷歧視實況。
‡ 譯注：直接進入禁止黑人入座的位子。

向外界宣示：他們的訴求無法得到既有體制的回應，也無法在現存的法律規範中運作。驅動他們的內在動力就是拆除法律圍籬，義無反顧的打造更公平的法律秩序，而非蓄意散播騷亂。現行的法律較以往更包容且具解放性，有很大的程度，我們必須感謝這些違法者。

## 碎片四　廣告：「領袖誠徵自願服從的追隨者」

讓壓抑的聲音被外界聽見，暴動與騷亂並不是唯一的方法。政治精英與領袖在某些特殊的情況，面對他們的支持者與反對者，都會特別留意他們的遣詞用語。請考慮魅力領袖的例子。在講到某人擁有「克里斯瑪」（Charisma）*的特質，有點像是說口袋裡有張百元大鈔或者車庫裡停了一輛BMW。事實上，克里斯瑪是一種關係，極度倚靠受眾與文化。克里斯瑪在西班牙與阿富汗的表現型態，一定跟寮國與西藏版的克里斯瑪天差地遠。換句話說，這種領導型態本質上是一種回應，與目睹表演的觀眾一道共鳴。在某些情境裡，領導者就是無法激發反應，奏不出適當的音符，抓不住聽眾與觀眾的期望與口味，頻率難以同步。極少極少的時候，可以看到水乳交融的情景在眼前發生。想想小馬丁・路德・金恩，在某些群眾心裡，他就是二十世紀最具領袖魅力的政治人物。感謝泰勒．布蘭奇（Taylor Branch）[†]的敏銳感受與生花妙筆，將金恩的生平與運動原委，考證翔實，娓娓道來。我們得以目睹真實的情境裡、在美國非裔教會對唱（call-and-response）傳統中，尋找群眾共鳴的過程。一九五五年十二月，在羅莎．帕克斯（Rosa Parks）[‡]被定罪後、蒙哥馬利公車杯葛（Montgomery Bus Boycott）[§]前，金恩博士在赫特街的ＹＭＣＡ發表演說，布蘭奇的描繪篇幅很長，我摘要如下：

「我們今晚，齊聚一堂——為的是共商大計。」他說。音調平穩，一度拔高，隨後又落回正常語調。他停頓一會兒，一兩個人回應，「對！」其他人默不作聲。他看得出來，底下聽眾內心委屈，想要吶喊出來；他們正在等待，引領他們到爆發點。（他提到羅莎．帕克斯是個好公民。）

---

* 譯注：在德國社會學與哲學家馬克思．韋伯的定義裡，克里斯瑪是一種超凡的領導特質。

† 譯注：美國著名的歷史學家與傳記作者。壓卷之作為《金恩的年代》，美國民權運動三部曲。

‡ 譯注：被稱為美國民權運動之母，因為拒絕讓座給白人而被判刑。

§ 譯注：為聲援帕克斯，黑人拒絕搭乘公車，連續三百八十一日之久，這是美國首次反對種族隔離的大規模抗議事件。

「我想我的發言應該要——秉持著法律的權威，不是說我個人有什麼法律權威⋯⋯而是在法律從來沒有說清楚的地方，我絕不含糊！」這個句子標誌著金恩演講的特色，特別著重差異。但是觀眾的情緒還是波瀾不興。「沒有人懷疑她崇高的人格。沒有人懷疑她信仰基督教的深刻。」

「說得對！」底下有些人輕輕的附和。

「就是因為她拒絕站起來，竟然被逮捕！」金恩重複。群眾的情緒被撩撥起來，跟上金恩的速度，開始加快速度。

他稍作暫停。

「你們知道，我的朋友，時機已經成熟。」他喊道，「我們再也不想忍受壓迫的鐵鞋，硬生生的踐踏在我們身上！」

此起彼落的「對！」支持他的主張。突然間，個別的回應融為昂揚的歡呼，一度被壓制住的掌聲，頓時爆發出來——就在這幾秒的瞬間。震耳欲聾的噪音席捲而來，就像是拒絕散去的波浪，當前一波欲振乏力的同時，戶外的眾多聽眾匯聚怒吼，又把聲響推到另外一個高峰。雷聲般的轟隆隆，為較低的聲音打底——那是踩在木頭地板的頓足聲。巨大的聲浪超過聽覺的極限，只能由肺部的震動來感受。噪音不肯消逝，氤氳成雲，籠罩整層建築，隱隱搖晃。一個句子釋放出巨大的能量，將這個黑人教堂的對唱，推動超出傳統政治集會的範疇，進到金恩博士自己都不知道的新領域。在草叢裡，原來藏著一隻體型大得驚人的兔子。聲浪終於消失，金恩一開口，激情再度點燃。「時候到了，我的朋友，人們再也不願意被扔進飽受羞辱的無底深淵、不想再經歷陰森、慘白，看不見盡頭的絕望。」他叫道，「時候到了，人們不願意再被推出生命中的六月，被迫離開金黃閃亮的陽光，孤立在十一月刺骨寒風的高山上。這裡——」金恩正想展開新一輪的宣示，但是群眾的吶喊淹沒他的演說。沒有人知道這巨大的聲浪，是回應金恩博士觸及到他們內心深處的悸動，還是單純的驕傲，竟然有這等演說家，輕鼓如簧之舌，造就如此動人的字眼，傾洩而出。「我們這裡——我們聚在這裡，就是因為我們真的受夠了！」金恩再次強調。[3]

布蘭奇的生花妙筆，鮮明重現當時場景。金恩的鼓動模式，持續出現在這次以及日後的演講中。「克里斯瑪」是一種完美的頻率。金恩發展出好些主題，將各種鮮活的譬喻放進曲目中，暢所欲言。如果，他感受到激動的反應，就會重述主題，添點細微的變化，撐起群眾的情緒，緊接著申論。金恩總能留下讓人永誌難忘的演說，用語創意層出不窮，關鍵是他找得到適當的頻率，讓聽眾心底的情緒與渴望，得到共鳴。如果我們觀察金恩演講風格的長期演變，從黑人基督教社團、民權運動，再到非暴力抵抗（每個階段的聽眾都有些不同），就看得很清楚。長久以來，面對他高亢激昂的演說，相對沉默、被動的聽眾，最有助於金恩的構思。藉由聽眾不同的反應，金恩選擇最容易跟他們連結情緒的主題，用他自成一家的風格，加以放大、闡述。能引發共鳴的主題保留、繼續發展；觀眾反應寥落的，從曲目中剔除。所有獨具魅力的領袖，都擅長營造兩者間的和諧。

「克里斯瑪」的主要條件是：**凝神傾聽**與回應。凝神傾聽是一種對於聽眾的特殊倚賴，一種特定的權力關係。「大權獨握」的一大特點就是充耳不聞。一般而言，底層的群眾比較願意聽從，上層則未必。奴隸、農奴、佃戶、勞工，家僕，這種依靠人吃飯的底層，求生祕技就是精準揣摩上意，觀察領導上層的臉色心情過日子，奴隸主、地主、老闆，根本不在乎底下人的意思。用心傾聽的這種結構性條件，是維持克里斯瑪的關鍵。在金恩的例子中，專注聆聽是因為他一肩挑起蒙哥馬利公車杯葛運動的領導重任，也建立於黑人社群不留餘力的積極參與。

換個場景，來看看那種字斟句酌、經過算計的「講稿捉刀代擬」，又是怎樣的情形。讓我們先想像中世紀市集裡的吟遊詩人，靠唱歌表演餬口。為了說明清楚，再讓我們假設有個表演煞是拙劣的詩人——只能在城裡最苦寒的地方巡迴，從圍觀的群眾裡，討幾個銅子兒，買點麵包果腹。最後，再讓我們想像一個肚子裡裝了上千首曲目的詩人，新面孔，雲遊至此。

我猜想，吟遊詩人會隨機選幾首歌，也許是先前他造訪過，深受當地居民喜愛的曲目。過個幾天，他觀察在場聽眾的反應、每天表演結束數數帽子裡的銅子兒，或者聽聽現場觀眾有什麼表演要求。再過

圖1.2　一九六八年四月三日，田納西州孟菲斯，小馬丁·路德·金恩博士最後一場傳教。
（圖片提供：blackkpast.org）

一陣子，他就會集中在有利可圖的內容上，表演曲目與主題自然而然會收束在觀眾喜歡的那幾首——某些歌曲被拉掉，不怎麼演出；某些曲目會一唱再唱。觀眾的品味與偏愛在一段時間之後，讓吟遊詩人跟著唱和，基本表演清單就此底定。就像是金恩的聽眾也讓他的演講內容與風格，逐漸成形。這個故事太過簡略，無法說明吟遊詩人的創意，或者演說家不斷嘗試新主題、持續發展，根據聽眾的反應，調整風格；但至少可以解釋「克里斯瑪」領導的建立，主要是透過反覆的互動。

剛剛用以舉例說明的「吟遊」故事，倒跟文化大革命知青下鄉的經歷，如出一轍。知青的身體多半單薄，按照村民的標準，沒什麼派得上用場的技能；硬塞進村子裡，到處都被嫌棄，幫不上忙，反倒多一張吃飯的嘴。村民自己都沒有多的存糧，能分給他們的食物少之又少，有時根本沒有，餓到面黃肌瘦。但他們卻慢慢發現，入夜後，村民喜歡聽講古。這種民間傳說，知青至少知道上百個。為了每晚聽故事，村民只好提供點心，總不好意思讓他餓著肚皮，還得講到口沫橫飛。直白來說，知青等於靠著講故事吃飯。更重要的，他的故事清單跟我們的神祕吟遊詩人一樣，過一段時間，就會開始迎合農民聽眾的喜好。有的故事，村民聽得乏味，知青也沒得吃。有的故事他們特別愛，百聽不厭。他名副其實靠嘴吃飯，在一定的程度上，其實是聽眾替他選定主題。隨著私人、自由市場逐漸開放，知青也在地方市場上說書，接觸更多人群與不同的聽眾。自然，因應新需求，也有新的故事加入表演清單中。4

在動盪不安的時代中，政客最迫切的就是尋找選票的支持；以往行之有年的主題，激不起任何共鳴，他們會傾向跟吟遊詩人，或者小馬丁・路德・金恩一樣，傾聽在地的聲音，評估選民的動向，爭取他們的支持與熱情。佛蘭克林・德拉諾・羅斯福首次競選美國總統，時值經濟大蕭條初期，就是一個引人注目的好例子。在競選剛開始的時候，羅斯福還是相當保守的民主黨候選人，不太輕易做出承諾，也不願意附和極端的訴求。但在過程中，羅斯福巡迴各地，短暫停留，從一個車站講到另一個車站，老話講太多，變得麻痺了；羅斯福的標準演說內容開始進化，變得越來越基進，涵蓋面越來越廣。羅斯福跟他的講稿操刀者挖空心思，嘗試新的主題、新的表述方式，從這個車站到那個車站，提出新的訴求，根據聽眾的反應與現場選民的特性，一點一滴的調整。面對史無前例的貧窮與失業率，羅斯福眼前的聽眾，渴望從他那裡得到期盼、得到協助的承諾。慢慢地，他在競選演說中把民眾的希望吸納進去。到了投票前夕，他的演講「演出」比選戰剛開打的時候，基進許多。這是真實的情況：經過一段時間的累積，車站前的群眾替羅斯福寫下（或者也可以說是替他「選擇」）演說內容。不只演說內容變了，羅斯福自己也變了，將自己視為是無數困苦同胞的期望的化身。

只有在某些條件下，這種由下而上的特定影響力才能夠發揮。吟遊詩人受到雇用，包吃包住，專門伺候當地地主，那麼，曲目一定大大不同。如果政客的生死操控在特定人士的巨額捐贈上，而且是為了形塑公共意見而非接納民意，那麼，他或她根本不會在意普通老百姓的支持。尚未得勢的社會或革命運動，比當權者善於傾聽民眾心聲；權傾一時的領袖根本不在意有沒有把旋律唱對。一如肯尼斯·博丁（Kenneth Boulding）說的，「規模越大、越獨裁的組織（或國家），頂層決策者就越可能在純然的想像世界中運作。」[5]

# 二、鄉土秩序，官方秩序

## 碎片五 鄉土與官方不同的「知道」

我住在康乃迪克州一個小島鎮上，名為德罕（Durham），跟英格蘭那個更大、更有名的老城同名。不知道是景色依稀，出於對家鄉的懷念，還是欠缺想像力，在康乃迪克州幾乎沒幾個地名不是沿襲自英格蘭。美國原住民的地名，好像只能保留給湖泊、河流，或者直接指定為州名。殖民者的心態就是想重新取地名，一來，確認正當性，二來，也讓其他移民在新世界裡覺得熟悉、好辨認。雖然環境天南地北，但從愛爾蘭、澳洲、巴勒斯坦西岸，不管到哪裡，殖民者都會將原住民習慣的用語，連根拔起，改頭換面，取個全新的地名。

舉個例子來說明，本地人口中的街名跟官方取的街名，有什麼不一樣呢?有條路，連結部分我住的德罕與往南十六哩的海濱城市吉爾福德（Guilford）。我們德罕居民（但也只限於德罕居民）管這條路，叫做「吉爾福德路」，因為我們上這條路，就是要去吉爾福德。同樣的一條路，在吉爾福德那邊，自然而然的被稱為「德罕路」，因為對吉爾福德的居民來說，走這條路，就是去德罕。你應該可以想得到，住在這條路中間的居民，管它叫「吉爾福德路」或者「德罕路」，端看**他們**要往哪裡去。明明是同一條路，兩頭的居民卻給它取了兩個名字，這就是鄉土命名法的特性，有很強烈的隨機性、依附在特定的情況下。兩個不同的名字裡，都註記了很珍貴的在地知識——可能是你最需要的情報，也就是這條路到底通到哪裡去。鄉土運作的方式就是給一條路取很多名字，或者給很多道路取相同的名字。也難怪，鄰近的城市，像是克林沃斯（Killingworth）、哈丹姆（Haddam）、麥迪遜（Madison）、梅里登（Meriden），只要是通往德罕的道路，全都叫做「德罕路」。

現在想像一個棘手的課題，鄉土路名在當地行之有效；對外人來講，每一條路卻都需要一個明確、專屬的路名。州政府派工程隊去補「德罕路」上的破洞，想來一定會問「哪條德罕路」？不管攤開哪個版本的地圖，想來你不會覺得意外，在德罕與吉爾福德之間的那條路，印的是官方命名的「七十七號公路」。州政府的道路命名方式，必須通盤考慮，要有足以分辨的制式標準，一定不能重複，盡可能設想到所有可能的狀況。「七十七號公路」的路名並沒有辦法告訴用路人，這條路通到哪裡。我們攤開地圖，跳入眼簾的七十七號公路，只會讓我們意識到每一州的道路都是數字編號。官方命名其實非常重要。如果你在德罕—吉爾福德公路上出車禍，當然會很清楚的告訴統籌整個州裡救護車的調度人員，你在七十七號公路，嚴重失血，再不快來，性命不保。

在許多的場景裡，鄉土跟官方的命名取向時常相左。鄉土街名、路名暗藏著地方知識。舉個例子，少女巷（附近的五位未婚少女，在這裡散步，總是排成縱列，每個星期日上教堂）、蘋丘路（道路蜿蜒上到丘陵，原本有片果園跟一個蘋果汁作坊）、奶鍋路（乳製品製售集散中心，街坊鄰居到這裡來買牛奶、鮮奶油、牛油）。口耳相傳，地名固定下來之後，對當地人提供很多相關的實用資訊，但對外地人或者剛搬過來的新住戶，可就丈二金剛摸不著頭腦了。還有些路名跟地形特色有關，米卡脊路、裸岩路、波爾溪路。在小地方，路名、地名加總起來，就等於當地的地理與歷史；如果一個人熟悉當地典故、特色、演進與家族企業史，自然可以破解箇中玄機。土生土長的老百姓覺得這些名字擁有豐富意涵，外地人卻經常被搞得莫名其妙。規畫人員、稅務人員、運輸管理者、救護車調度、警察、消防隊員比較喜歡井然有序的整體性。在他們的工作領域裡，最方便的就是棋盤式的方正格局，連續編碼（第一街、第二街）、羅盤方向（西北一街、東北第二大道）。華盛頓特區特別亮眼，就是理性規劃出來的城市。相反的，紐約市就顯得雜亂無章。華爾街（Wall Street，其實就是原荷蘭殖民者築的外牆）以南，就是「鄉土」格局，三角街道形式與命名，好些原本是人踩出來的小徑。華爾街以北，是個容易辨識、梗概呈現的網格城市，有著笛卡兒式座標的簡潔，大道與街道直角交叉，除了極少數例外，都是順著數字規規矩矩的排下來。某些中西部的城鎮，不想用單調的數字街名，改用歷屆總統名字來命名，但就辨別度而言，大概只有益智遊戲高手，才搞得懂波克、范布倫、泰勒、克里夫蘭這些街道名的前後排序。或許他們覺得這種命名法很有教育意義，從街名也能學到點東西。

鄉土標準的精確程度，只消滿足眼前需求就夠了，體現於像是「一小撮鹽」、「一箭之地」、「一捆稻草」與「耳力所及的距離」。就功能來研判，鄉土智慧其實比自認嚴謹的測量標準，更加精確。舉個例子說明，史廣多（Squanto）*教導白人拓荒者，如何種植對他們來說還很陌生的作物。據稱他跟白人說，「在橡樹葉長到松鼠耳朵大小的時候，就要播種玉米。」十八世紀農民的曆法完全相反，建議開始耕作的日子為「五月的第一個滿月」，有的還指定日期。我們可以想像：農民曆的編者因為擔心霜害，小心過頭，反而誤事。此外，農民曆的規定太過僵化：海濱跟海島的氣候狀況不一樣，兩邊的農民要如何適從？丘陵北邊的田地，日曬程度較少；高海拔的田地又是另外一番景況。農民曆一體適用的標準，難以因地制宜。換個角度來說，史廣多的

* 譯注：一位帕圖薩族的印地安族原住民，曾在一六〇五年被俘到英國成為奴隸，後成為歐洲殖民者的翻譯與嚮導，教導搭乘五月花號而來的移民如何在美洲生存。

經驗卻很好用。只要找得到橡樹、看得見松鼠，鄉土智慧就可以發揮得很好。鄉土智慧源自對環境的了解，如今看來，反而更能掌握地面溫度與橡樹樹葉生長的因果關係，奠基在萬物復甦、生命逐漸開展的縝密觀察，春天當然有既定的時序，可能來得早、可能遲，期間可能延緩，也可能加速。農民曆靠的卻是舉世皆然的曆法與月相系統。

## 碎片六　官方知識與地貌控制

命名、地景、建築布局與工作流程中，所透露出的秩序、理性、抽象與整體清晰度，展現的是權力的差序格局，就我看來，即為「控制與挪用的地景」。舉個簡單的例子，如今，幾乎舉世都奉行永久性的父姓繼承制度，在國家發現這個制度有利於身分系統建立之前，其實並不存在於世上任何地方。隨著稅務、法庭、土地產權、徵兵與警務等統治手段，陸續興起，父姓繼承制加速擴展——換句話說，隨著國家發展而茁壯。隨後，識別碼、照相、指紋以及DNA檢測，逐漸取代成為新興的監督與控制工具。這些演進的最新科技，代表一種整體能力，可用來分送疫苗，也可以圍捕顛覆政權的敵人。這種能力將知識與權力高度集中，但對於使用目的，卻又完全保持中立。

從這個觀點看來，工業組裝線透過將勞工分門別類，取代鄉土手工藝作坊。設計工程師掌控全部流程，站在生產線旁的工人，就是可被取代的「雙手」。對某些產品而言，流水線的確比手工作坊來得有效率；毫無疑問的，在工作流程中，權力總會集中在主導流水線的人手上。但對於機械的完美控制，是不切實際的烏托邦夢想，不只因為工會介入，更是因為每部機器都有專屬特性。不論是銑床還是壓印機，難免會有些專屬的脾氣，工人熟悉手上操作的**這部**機器，擁有針對性、經驗累積出來的知識，這就是他們的價值所在。即便是流水線，鄉土知識還是順利生產的關鍵環節。

以產品標準化為首要目標，必須在專屬打造的環境裡，比方說亨利．福特的T型車工廠，或者生產大麥克的麥當勞廚房，生產品質一致的產品，控制的嚴密程度，包管讓你瞠目結舌。細到緊盯產製每一分鐘的麥當勞連鎖店，廚房的空間佈局都是從**管理核心**出發，目的是強化控制原料處理與製作流程。也就是說，區域督導的巡察只要帶個簡單的夾紙板，就可以評估分店的營運情況，因為工作守則就內嵌在設計中。冷氣的規格一致，設置的地方預先規劃妥當。同樣的設計還擴及炸薯條機、烤架，如何清洗與保養，都有詳細的規定，就連包裝紙也一樣。完美的麥當勞連鎖系統、完美的大麥克漢堡，都在中央總部裡構想出絕無瑕疵的形式，隨後落實在建築、空間配置與教育訓練中，督導的計分板，只是在計算現實跟理想之間的落差而已。福特式流水線、麥當勞模組的內在邏輯，其實就是舒馬赫（E. F. Schumacher）*在一九七三年發表的論述：「是針對所有生物，包括人類的不確定、不守時、抗拒控制、剛愎任性的全面性挑戰。」[1]

不誇張的說，我想，檢視過去三個世紀，就是標準化、官方控制與挪用地景，擊潰鄉土秩序，取得壓倒性優勢的勝利年代。伴隨而來的是大規模管理階層組織崛起，最醒目的例子，也是最合邏輯的結果，就是國家權力的成長與擴張。鄉土秩序流失的幅度，其實比想像中更嚴重。我在這裡不過是起個頭，邀請有興趣的讀者，不妨自行補充：國家官方語言取代南腔北調；私人土地商品化契約取代複雜多樣的土地運用模式；計畫性社區與鄰里取代老舊、雜亂的聚落與街坊；大型工廠與農場取代傳統的手工藝作坊與混雜種植小農；標準化的命名與辨識系統，取代多樣化在地命名慣習；國家法律取代地域性的習慣法與傳統；大型的灌溉與供電系統取代地方的取水系統與燃料蒐集；原本相對抗拒控制與徵用的地貌景觀，終究不敵能促進階層協調運作的地景。

## 碎片七　鄉土的韌性

有件事情非常清楚：大規模的現代化計畫，擁有絕佳的協調性，就某些目的而言，是最有效、最公平、最令人滿意的解決方案。太空探索、大眾運輸系統計畫、飛機製造，或者各種大規模建設，都少不了由極少數專家協調、掌控的大型組織。控制流行病與汙染蔓延，也需要專家主持的中心，接收與消化上百個單位回報的標準化資訊。

在遇見頑強抵抗的大自然，箇中的複雜性他們無法完全了解；或者是遇見剛愎專斷的人類，人性的複雜性他們也無法完全掌握的時候，這種大型計畫就會惹來麻煩，有時還會是難以收束的大麻煩。

十八世紀末期，在德國推動的「『科學』林」計畫以及其他幾種經濟作物栽種，引發日後的諸多挑戰，就是前述的典型案例。想要擴大柴火、木材銷售的利潤，科學林推動者認為：根據土壤的情況，每畝能夠產生最多立方米木材的樹種，首推挪威針樅或者愛爾蘭松樹。為了達到這個

＊　譯注：為統計學者與經濟學家，擅長人力規劃。

目標，他們大規模的清除雜林，同一時間種下成排（就跟一壟一壟的農作物一樣）的單一樹種。他們選擇的林木，主要的著眼點是便於檢查、在一定的時間後，便可砍伐；從標準化的樹林裡取得整齊畫一的木材（也就是所謂的「法正林」〔Model forest〕）。有一段時間，大概持續了一個世紀，計畫推行得很成功。隨後，急轉直下。事後證明，第一批的林產如此豐碩，得力於雜木林孕育出的肥沃土地，但用標準科學林取代之後，優勢無以為繼。對專門攻擊挪威針樅或者愛爾蘭松樹的害蟲、鏽病、介殼蟲、枯萎病來說，單一林種是場道道地地的盛宴。此外，一整片都是年齡差不多的樹木，很難抵擋暴風冰雪的侵襲。為了要把森林簡化成為生產單一產品的機器，科學林急速削弱了林地多樣性。缺乏樹種多樣性的森林，在每一個環節裡複製單一的傾向，結果導致昆蟲種類、鳥類、哺乳動物以及地衣、青苔、菌類與植物群生態系統的整體貧弱。規畫者創造出綠色的沙漠，大自然隨之開始反撲。科學林一度讓推動者聲名大噪，但只不過一百年再多一點，後繼者面臨許多棘手難題，也讓「森林死亡」、「復育林」（restoration forestry）等名詞，同樣名噪一時。

亨利・福特由於T型車大受歡迎，累積出難以想像的財富，卻也擺脫不了同樣的困境。他想把營建汽車工廠的經驗，複製到熱帶土地上種植橡膠。他在亞馬遜河的支流沿岸，買下面積跟康乃迪克州差不多的大片土地，自創產業國度——福特蘭地亞（Fordlandia）。一旦成功，在可預見的將來，福特蘭地亞將提供源源不絕的橡膠，足以裝配他生產的各式車輛。但這個計畫最終卻招致後患無窮的慘敗。在亞馬遜盆地，橡膠種植散落在多樣的生態系統中，原本能夠長得很好的原因，部分在於橡膠樹隔得夠遠，可減輕病、蟲害的蔓延，隔絕原生態裡的負面效應。荷蘭人、英國人把橡膠引進東南亞，有效阻斷病害蟲與天敵的滋長，種植的成果也相當不錯。但是，在亞馬遜盆地，集中栽種成排的橡膠樹，沒過幾年，就在各種植物病害、枯萎病的連番攻擊下，奄奄一息。最終他們啟用大膽、昂貴的三重嫁接法（triple grafting，樹冠砧木嫁接到樹幹砧木，然後再把兩者嫁接到另外的根部砧木上），還是敗下陣來。

在里弗魯日（River Rouge）*，經過縝密策畫，人工打造的單一目標汽車生產線，雖說備極艱辛，最終還是克服了環境。場景換到巴西，當地的熱帶性氣候，應付起來，可沒這樣簡單。幾百萬的資金狂砸、無數次的管理與栽種方式調整，屋漏偏逢連夜雨，在農場工人暴動之後，亨利．福特只得放棄在巴西的冒險。

---

* 譯注：在美國密西根州。

亨利．福特的起手式，是由專家挑選最好的橡膠樹品種，再改造環境滋養其成長。我們運用相同的邏輯，但倒過來想：能不能先從評估既定的生態系統開始，再挑選能在其中健康成長的栽培品種？安地斯山馬鈴薯種植的傳統方式，展現鄉土智慧跟農民手藝結合的絕佳範例。在安地斯山高海拔區域，栽種馬鈴薯的農夫，至多會開闢十五塊小農田，輪流耕作。每一小塊地都有不同的土壤、高度、日照方位、風向、濕度、傾斜度與栽種歷史，並沒有所謂的「標準農地」。他們培育出許多地方品種，特性也都能被清楚掌握。農夫會仔細計算調配，在同一塊田地上，種植一或者多到十幾個品種的馬鈴薯。根據上一季的產量、病蟲害、價格，調整土地規畫與運用方式，每個農季都要開始一輪新試驗。這些農地等於是市場導向的實驗站，產量高、調適能力與可靠度，表現都相當不錯。同樣重要的是：他們不只栽種作物，還積攢種植經驗、發展彈性策略、增進生態知識，鍛鍊出足夠的自信與自治，孕育下一代的農夫、鞏固社區傳承。

安地斯山區拓展「『科學』農業」的邏輯，其實跟亨利．福特的亞馬遜橡膠栽種，師出同門。一開頭，也是一個「理想」的馬鈴薯品種，量產是主要的著眼點，卻不是唯一的考慮。作物科學家先培育出大致上最接近理想特性的「基因型」馬鈴薯，接著在實驗田裡，小規模種植，確認最適合生長的各種條件。推廣的重點放在改良田地整體環境，把「基因型」作物的潛力，發揮到淋漓盡致，可能會動用到氮肥、除草劑、除蟲劑、特殊的田地與土壤準備工作、灌溉，還要留意耕種時機（包括播種、澆水、除草、收成）。大家心裡也有數，一個「理想的」本地品種，過個三四年，難免被害蟲與疾病盯上，這時只好培育更新、更理想的品種來取代，周而復始。如果取得某種程度的成功，田地會慢慢變成標準化的田地、農夫也會慢慢變成標準的農夫，就跟亨利．福特在里弗魯日，統一標準作業環境與工作流程一樣。但是，話也得說回來，組裝流水線與單一作物栽種，若想持續維持，終究得臣服在鄉土工匠與變化多端的鄉土地貌之下。

## 碎片八　無秩序城市的魅力

結果證明：不只作物在豐富繁複的生態環境裡，比較容易成長茁壯；人性也不適應僵化的一致性，偏向差異化多樣性。

二十世紀前五十年，現代化的都市設計理念狂潮席捲。土木工程、建築技法與建材都有革命性的變化，整個西方政治野心暴漲，試圖重塑都市生活面貌，同時改造市容，畢其功於一役。經過這番折騰，家庭生活變得跟工廠流水線、單一作物田地差不多，強調視覺秩序、不同功能區隔。（我稍後會回到視覺這個主題上。）烏托邦城市規畫師偏愛「崇高的直線」、直角與雕刻規律性（sculptural regularity）；在空間配置上，喜歡嚴格區分各種都市生活面向：住宅區、商業零售區、娛樂區、辦公區、政府單位與儀式性空間。簡單明瞭，誰都看得出來這樣的規畫方式有多方便。該有多少零售賣場服務多少消費顧客，大可簡化成為每間店需要多少面積、每個貨架占多少空間，周邊交通運輸如何規畫等條件的演算法。住宅也是：每一家的居住空間該有多大（標準化），多少日照、耗去多少水，廚房面積幾坪，要裝幾個電源插座，鄰近的遊樂場應該配置多少面積。區隔功能僵化等於減少演算法中的變項：更好規劃、更容易興建、維護與保障治安，外帶一個暗自盤算但不大好明說的目的——更方便監控。單一功能規畫促進標準化，相較而言，設計一個複雜、多功能的小城，必須思考諸多因素，實在是夢魘一場。

只是有個問題。老百姓很討厭標準化城市，能閃就閃；實在躲不開，就找各種方法表達不滿與鄙夷。有人說，後現代的起始點是一九七二年三月十六日下午三點。屢奪大獎的聖路易普魯伊特—伊戈（Pruitt-Igoe）高樓公共住宅計畫，終於在官方的許可下，爆破拆除，剩下小山似的瓦礫。裡面的居民早把住處當成是遮風避雨的外殼。普魯伊特—伊戈住宅區是孤立、單一用途、高樓公共住宅區塊的旗艦之作，但在大多數居民眼裡，卻只是把家降格為倉庫而已。如今，建築與設計理念均遭揚棄，隨風而逝。

同時，還有一種打著清理「貧民窟」、消滅「都市衰敗」（urban blight）旗號的住宅計畫，也在大肆拓展。對於鄉土生活格外感興趣的都市學家珍．雅各（Jane Jacobs）*對這種計畫的批評，堪稱掌握全局，直搗核心。她認為，城市的日常生活與實際功能，遠比表象，來得更加豐富。都市設計一如多數的官方計畫，最突出的特點就是自以為是，坐井觀天，緊盯著一個目標，竭盡可能的擴大戰果，其他什麼也不顧。如果目標是增產玉米，那麼就斤斤計較每畝田地能收成多少蒲式耳（bushels）†；如果目標是T型車，那麼就在固定勞動力與資源的前提下，計算最多能生產出多少輛T型車；如果目標是健康照顧，設計醫院的唯一考量就是將治癒效率提到最高；如果目標是增加木材量產，就一定要重新造林，將之改造成單一產品的生產機器。

雅各一眼就看穿現代主義規畫者墜入五里霧中的三個盲點。第一，她發現一個最致命的前提，不管哪種活動，永遠只有**一件事情在進行**，計畫的目的就是加快運送效率。規畫者的演算法全都源自對效率的假定——從家到上工地點要多久？食物能多快送進城市？雅各的看法大不相同。她了解

---

* 譯注：人文都市學者，著有《偉大城市的誕生與衰亡：美國都市街道生活的啟發》。

† 譯注：穀物的容量單位。

人類的行動中，嵌進很多其他目的。父母推著嬰兒車，同時也許在跟朋友聊天、做點雜活、吃點小零嘴，或者看本書。辦公室的白領邀約同事吃頓午飯、喝杯啤酒，說不定是他一天之內最滿意的時光。其次，雅各發現，因為這個緣故，悠遊在一個生機蓬勃、妙趣橫生、變化多端的環境裡，是多麼的有趣。也難怪城市中齊聚多種功能的複合型區塊，總是市民最愛流連的地方。成功的都市鄰里——要兼顧安全、娛樂、設施便利，還要在經濟上自給自足——住戶密集，能夠應付各方面的需求，景觀多半雜亂無章。但，重要的是：歷經時光流逝，活力不曾稍減。為了單一功能，凍結其他可能性的都市規畫，被雅各稱之為「社會的動物標本製作」（social taxidermy）。

最後，雅各解釋，如果從「活生生」的鄉土城市出發，很明顯的，按照幾何、視覺秩序的規畫，將城市切割為分門別類的行業區塊，會貿然破壞良好的鄉土秩序，干擾成功的都市街坊運作。

從這個角度來看，標準的都市計畫與建築，突然間，變得詭異起來。建築師與規畫者先提出建築全貌的構思，或者建築群整體布局的建議，隨即照圖施工。他們的視野一般展現在設計圖上，最典型的就是縮小的規畫建築群模型。我們經常可以在報上看到這樣的照片：滿面春風的市政官員與建築師俯視完美的建築模型，彷彿他們坐在直升機上，或者，把自己當成，神。從鄉土的觀點來看，這景象遠遠超乎一般人的生活經驗，因為他們並不是在這種高度、用這種角度端詳生活的環境。真正的行人——逛街的、跑腿的、漫無目標在街頭散步的愛侶——理論上，看出去的地表視野，卻完全被排除在城市規畫的計算等式之外。本質上，進入眼簾的都市計畫，只是縮小版的雕塑，視覺訴求令人讚嘆，極具藝術魅力，不在話下：只是作品完成之後，就不再有人能從這樣的絕佳視角指點江山。超人除外。

把模型化跟微型化的邏輯，看成是官方秩序的某種特徵，就我看來，頗能切中要點。真實世界本來就亂七八糟，甚至暗藏危機。人類把微型化視為遊戲、控制與操縱的替代形式，其實有很長的歷史淵源。玩具士兵、坦克、卡車、汽車、戰艦、飛機模型，娃娃屋、鐵道模型，諸如此類。某些無法接近，甚至會有危險（或者兩者兼具）的真實物體，不妨避開，轉而寄情於象徵性的小玩具。嚴謹一點來說，微型化是成年人、總統與大將軍玩的遊戲。頑強、棘手的世界，難以改變，不時令人受挫；政治精英禁不住誘惑，撤退到功能一應俱全的微型世界。相對自給自足的小型烏托邦空間，因而崛起，期望中的完美，可以逼近實現。模型村莊、模型城市、軍事殖民地、公營住宅社區樣品、示範農場，讓政客、行政官員與各種專家藉機開創可以嚴格界定的實驗空間，將突如其來的變數與未知狀況降到最低。控制力度極限提升、對外部世界的衝擊，消弭無形，這種「受限型」案例最常見的就是博物館與主題公園。在進行生產、設計規畫、社會組織模擬時，模型農場、模型城鎮，是理所當然的試驗單位，風險低，還可以視推演情況，擴大規模或者揚棄原始構想。好些的首都「規畫」（比方說，華府特區、聖彼得堡、多多瑪〔坦尚尼亞首都〕、巴西利亞、伊斯蘭馬巴德、阿布賈〔奈及利亞首都〕），都是挺身而出的建築與政治宣言，經常刻意凸顯與外圍大環境的落差。在首都核心堅守死板的視覺美學，很容易在周邊製造出一圈又一圈的違章建築聚落或者是貧民窟，群聚著竊占共有地或無主產業的住戶，多半靠掃地做飯，照顧上流階層的孩子過活。少了這群「低端人口」，要高階人士如何在設計典雅大方的首都核心安心工作？從這個觀點來看，核心秩序只是假象，根本少不了棲身邊緣、進不了核心、不受重視的庶民，鼎力相助。

## 碎片九　整齊背後的混亂

治大國，若烹小鮮。

——《道德經》

越是縝密籌畫、明文規範、嚴格管理的社會或者經濟秩序，越可能寄生在非正式的程序上。非正式程序無法單靠正式秩序創造與維護、不被正式體制承認，卻又是正式體制不可或缺的支撐。語言習得（language acquisition）就是一個深具啟發性的隱喻。小朋友學語言，本來就不是從文法開始，再根據文法，成功造句。他們學語言跟學走路一樣：靠的是模仿、嘗試、失敗跟無數次的練習。文法是語言法則，在精采的演講中看得到，卻沒有辦法造就精采的演講。

各行各業人員抓住規則的漏洞，揭露事物運作的真實狀況，藉此牟取私利。巴黎計程車司機抗議規費過重，反對政府推動的新政策，展開「照章辦事」（grève du zèle）的杯葛活動。有的司機同意參與，有的司機順便湊熱鬧，突然間，他們開始遵守**職業駕駛規定**中**所有**的交通規則，導致巴黎交通嚴重堵塞。他們心裡明白，巴黎要「行得通」，必須違反某些規定，執法單位也得視而不見才成；一旦所有駕駛人全都謹守規定，結果就是動彈不得。英語版的概念稱之為「墨守章程」（work-to-rule）。開拓重工（Caterpillar Corporation）的員工在對抗管理層的行動中，就採取「墨守章程」的杯葛手段，照著工程師的規劃，不分青紅皂白的執行，導致效率嚴重下滑。他們知道這樣一來，會平白虛擲公司寶貴的時間，品質反而下滑；日常工作中早就發現的快速竅門，刻意棄置不用。在一般的辦公室、建築工地、工廠，實際的工作流程根本不受正經八百的規定約束，而是必須彈性詮釋，甚至乾脆不予理會。規定再鉅細靡遺、再專斷獨行也沒用。

一九八九年柏林圍牆倒塌之後，計畫經濟與東歐陣營隨之瓦解，就是鮮明的例子，說明刻板的生產流程，只有在制度規範外，尋求非正式的安排，才能苟存。在某間典型的東歐工廠中，最不可少的兩名員工，全都不在正式組織職務表上。其中一人是「萬事通」，擅長發明東拼西湊的應急方案，總有辦法讓機器運轉、填補生產漏洞、找到缺件的替代品。第二人善於在市場上搶現貨，運用工廠基金收購、儲存無虞腐爛的商品（像是洗衣粉、列印紙、好酒、毛線、機器、流行服飾），囤積居奇。一旦工廠為了趕配額，需要計畫經濟中無法供應的機器、零件或者原料；此人開輛「衛星」國民車，裝滿一車的商品，以物易物，換回工廠需要的補給。要不是靠這些體制外的地下活動，工廠早就停擺了。

就跟市政官員俯視新開發區的建築規畫模型一樣，我們其實也很容易犯下相同的錯誤：視覺秩序等於工作秩序，視覺混亂就等於工作脫序。很自然，沒錯；但我認為這錯誤非常嚴重，跟現代主義密切相關。只是說，兩者之間的關係究竟是什麼，得花點時間想一想。桌椅左右前後對齊、穿制服規規矩矩坐著的教室，學習效果一定比穿便服、席地而坐，或者圍著桌子散坐的教室來得好嗎？現代都市計畫的偉大批評者珍．雅各提醒我們，成功的混合鄰里，可能大出都市規畫師的美學意料之外，不見得一定是混亂與失序；雖說沒有規劃，卻能展現高度協調、深富彈性的秩序。秋天的落葉、兔子的內臟、噴射機引擎的內部、大報社的地方新聞組，表面看來一團混亂，一旦掌握運作的邏輯與目的，觀感可能為之一變，找到功能性的秩序。

試論農地與花園。現代「科學」的農業傾向、偏愛大型、資本密集的農地，出自雜交後或者複製單一作物，盡可能拉高一致性，直排栽種，便於照顧與機器採收。使用肥料、灌溉系統、殺蟲劑、除草劑，調整土地狀況，特別強調整齊畫一，單一品種栽培。我所謂的「普羅」作物，像是禁得起折騰的小麥、玉米、棉花、大豆，早就實驗出適合散布、耐力較高的基因模組，待命上場。這種克服當地土壤、氣候、地形、傳統農具的農業，跟倚靠鄉土智慧的農業，形成尖銳對比。西方的蔬菜園具有部分（但不是全部）的前述特點，一般也是一長條種植，傾向每一行栽種單一品種，看起來像是軍隊集結，等待校閱。幾何秩序多半代表驕傲。再次強調，這種刻意強調視覺秩序的想法，多半來自上層、來自外界。

在天平的另外一端，舉個例子，比方說，十九世紀，英國的農業推廣專家，來到西非，首次看到當地原產作物栽種情形，嚇了好大一跳。視覺上凌亂不堪，田地裡有兩種、三種，有的時候還有四種作物，輪流耕種，河流堤岸邊的零碎土地，東一塊、西一塊，小丘上雜七雜八種了一堆，看起來根本就是亂搞一通。在西方人眼裡，田地雜亂無章，意味著農夫疏於照料，漫不經心。農業推廣專家自然開始教導他們自認合適的、「現代化」的耕種技巧。歷經三十多年的挫折與失敗，西方思維終於開始在西非洲的環境裡，實地、科學的檢查兩種耕種方式的利弊。結果發現，原本以為西非農田「一團混亂」，沒想到壓根是縝密微調，以適應西非環境的心血結晶。多樣農作（polycropping）、輪流耕種可以確保地力得到調節，避免土壤流失，常年維持水分。一種作物可以提供另一種作物養分與遮蔭；堤岸邊的小型耕地，減輕溪谷侵蝕；作物分散更可以避免蟲害與疾病的蔓延。

不只是耕種方法符合永續經營的原則，就連產量，都讓西方農業專家推廣新式農法的成果，自嘆弗如。事實證明，農業專家將視覺秩序跟工作秩序連在一起，將視覺混亂跟欠缺效率混為一談，真的是大錯特錯。西方人對於作物幾何種植有著類似宗教的情懷，但西非人壓根不吃前後對正、左右標齊那一套，反倒開發出極為高明的耕種系統。

艾德嘉．安德森（Edgar Anderson）是鑽研中美洲玉米歷史的植物學家，有次在瓜地馬拉，無意間看到一塊農地，看上去毫無章法，實則內藏準確協調的工作秩序。他每天去玉米田做研究，都會經過這片小農地，乍看下，雜草叢生，果皮垃圾一堆。有一次，他看見有人耕作，才赫然發現這不只是塊植物園，還是塊精心規劃的植物園，儘管，或者**就是因為**從西方園藝學家的觀點看出去，毫無視覺秩序可言。可能有些囉唆，但我還是得引用他對於耕種邏輯的研究發現，複製園地的分布圖表。〔圖2.1〕

第一眼看不出端倪，但一開始繪製布置圖，立刻就會發現果樹都是橫向種植的，而且還相當整齊。多半是水果樹，本土跟歐洲品種都有：釋迦、祕魯番荔枝、酪梨、桃樹、榲桲、李子、無花果，夾雜著幾棵咖啡樹。此外，還有幾棵當成水果吃的巨柱仙人掌（giant cacti）、一大株迷迭香、幾棵聖誕紅，半攀爬的茶香月季（tea rose）、一整排的本土馴化山楂，結出硬幣大小的黃色果實，做成果醬，非常可口。玉米有兩個品種，其中一種已經過了結穗期，現在充當棚架，讓當令的藤蔓豆類攀緣；另外一種，高很多，正在抽穗。此外，還有小香蕉樹，寬寬扁扁的葉子，在當地是包裝紙的替代品，蒸墨西哥粽（tamales），有時不用玉米殼，改用這種香蕉葉。上面也是纏了滿滿的爬藤，幾種南瓜長得甚是茂盛。佛手瓜終於成熟，營養的根部秤秤有好幾磅重。在某段時間裡，根被刨出來的地方，留下一個跟小澡盆差不多大的凹洞，充當垃圾坑，各種垃圾還有家庭廢物，都往裡面扔。園地的另外一頭，胡亂放了些箱子、錫罐，當作蜂巢。換成我們美國或者英國的配置，這個小小的植物園，相當於一塊菜圃、果園、藥圃、垃圾堆、堆肥場與養蜂場。

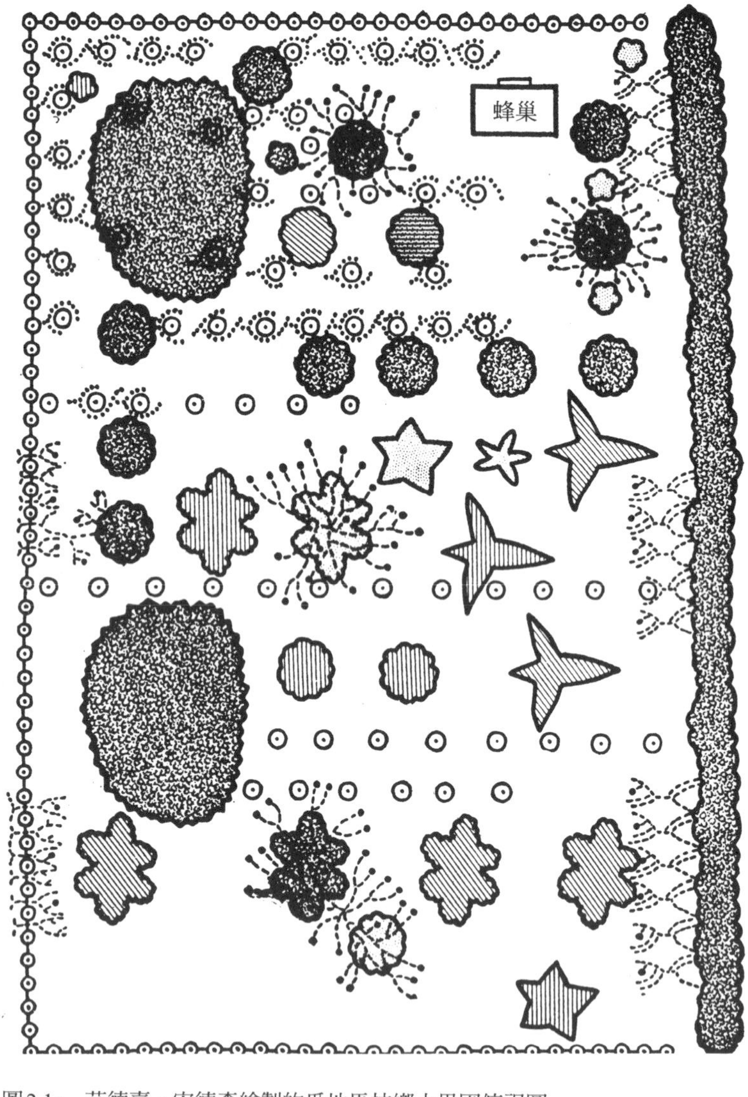


圖2.1a　艾德嘉・安德森繪製的瓜地馬拉鄉土果園俯視圖。

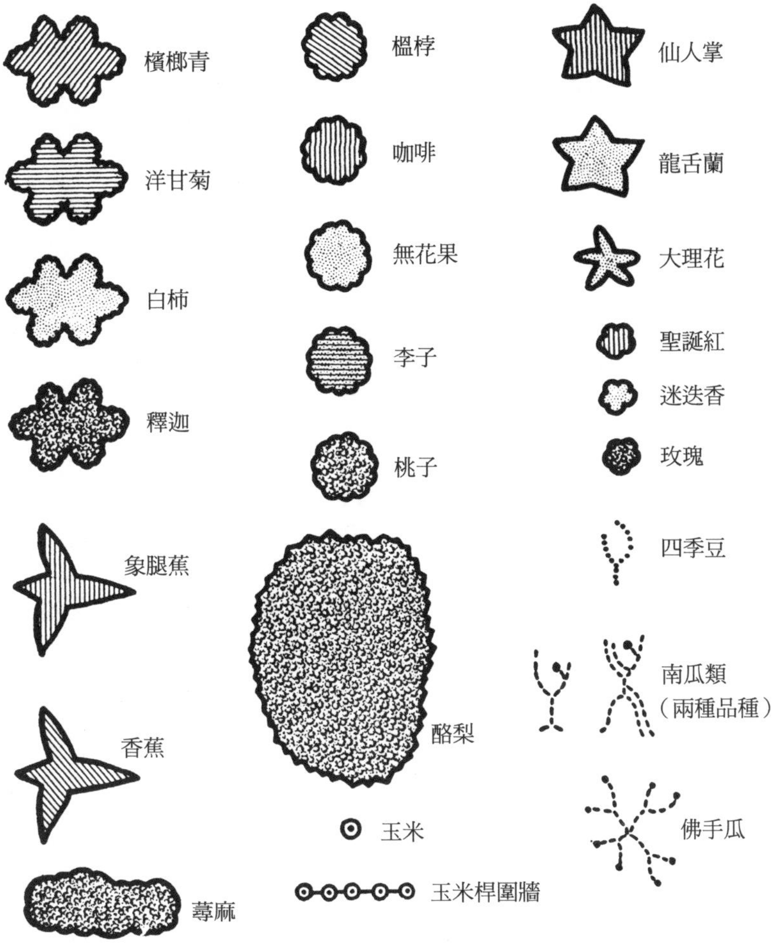


圖2.1b　細部圖示說明果園中不同的植物類別。
重製，引自艾德嘉・安德森著，《植物、人與生活》（*Plants, Man, and Life*），加州大學出版社。

儘管這片小園地位於陡坡的上方，卻沒有侵蝕的問題，土壤表面始終有植被覆蓋，一整年間，幾乎不曾中斷。乾季也能維持一定的濕度，同類型的植物各自獨立，中間雜以其他作物，即便蟲害、疾病侵襲，也不至於一株接著一株的快速傳染。肥料也準備就緒，除了家庭廢棄物，作物收成之後，無用的根莖直接埋進間隔的行間，持續肥沃土壤。

歐洲人與具有歐洲血統的美國人經常說，時間對印地安人來說，一點意義也沒有。但就我來看，這個植物園就是一個很好的反證，只要能穿透表面，就會發現他們的耕種行為比我們更節省時間、更有效率。這塊地一年到頭都有收成，一次只需要花一點功夫：收成南瓜的時候，順便拔幾根雜草；攀爬在玉米梗上的豆子採收了，再把玉米稈、豆藤往作物行間一推，過個幾週，再在上面種點別的。[2]

## 碎片十　無政府主義者的宿敵

在過去兩個世紀，鄉土運作的實務慘遭根除，說句不誇張的話，幾乎就是一種大規模的種族屠殺，消失的速度跟加速滅絕的諸多物種，幾乎沒有差別。甚至連滅絕的原因都很類似——棲地消失。許多行之有年的鄉土規矩，已經掃地出門，好些瀕臨絕跡。

要說誰該為鄉土滅絕負最大責任，那麼首推無政府主義者的宿敵——國家，特別是現代化的民族國家。現代民族國家的政治模組崛起，稱霸於今日，粉碎並取代了各種鄉土政治模式：不受國家羈縻的人群、部落、自由城市、鬆散的城市聯盟、逃跑黑人社區（maroon community）*與帝國。在他們原本的土地上，如今僅存一種鄉土運作模式：北大西洋民族國家，十八世紀正式法典化（codify），偽裝成放諸四海皆準的統治形式。假設我們穿越時光，從數百年前來到現在，好奇的睜開雙眼，無論旅行到世界的哪個地方，看到一致的系統性秩序，應該最感震驚吧：國旗、國歌、國家劇院、國家管絃樂團、國家領袖、國會（真實的或虛構的）、中央銀行、概念全都相去不遠，組織類似的部會架構、安全機構，諸如此類。殖民帝國與對所謂「現代主義」的模仿，對於推廣這套模組扮演吃重的角色；但維持模組權力於不墜的關鍵，卻是因為這種體制內建標準配備，可以將政治單元整合進既成的國際體系。在一九八九年以前，有兩個版本分據兩極。從捷克到莫三比克、古巴、越南、寮國、外蒙古，大概都可以找到中央計畫的政治機構、集體農

---

* 譯注：散落在美洲各地的隱密社區，由逃脫的黑奴與當地土著結合而成。

場或五年計畫。不過現在，除了少數例外，只剩下一種標準盛行。

現代（民族）國家一旦就位，就會開始編戶齊民，人口均質化，校正偏差，清除鄉土運作。幾乎在全球各地，國家（state）開始建立民族國家（nation）：法國開始創造法國人、義大利人開始創造義大利人。

大規模的均質化計畫，隨之開展。不同的語言與方言，通常無法溝通，於是，營建學校、設計課程貶抑方言，主導地區的方言通常會成為國家官方語言，成為被全力推廣、拉抬的地位，導致大量語言、地方文學（口頭或文字）、音樂、傳奇、史詩與整體意義世界（**the whole worlds of meaning**）消失。不勝枚舉的地方法律、約定俗成的運作方式，至少在原則上，都被舉世通用的國家法律體系凌駕。原本土地利用的習慣，形形色色，卻被土地所有權、登記與轉移制度的國家體系一舉取代，以利徵稅。地方的教育傳承，本來也各具特色——師徒制、接受「遊士」、醫師、宗師的教導、私塾等，也改為國家教育系統。法國教育部長曾一度吹噓，他知道全法國特定年級的學生，在上午十點二十分都在讀著西賽羅（Marcus Tullius Cicero）*的哪個段落。這種烏托邦式的一致形象，鮮少真的被達成，但這種設計卻摧毀了鄉土傳承。

離開民族—國家的層次，今天的國際組織代表的也是一種推動標準化的力量。像是國際銀行、國際貨幣基金、世界貿易組織、聯合國教科文組織、聯合國兒童基金以及國際法庭這類機構的主要目標，是持續推廣規範性（normative，或者「最佳實務」）標準，一樣源自北大西洋，隨後傳播到全球。這些機構亮出結實的財務力量，拒絕順從指導的國家，必須面對巨額的罰款，或者直接取消援助。有人想出委婉的名詞，「和諧化」（harmonization），形容這種組織擴展、連線的過程。跨國公司也是國際標準化的幕後推手之一。它們在熟悉的、高同質性的世界環境中興起，無論是法律秩序、商業規則、現金體系等周邊條件，都不會有適應上的問題。透過商品、服務與廣告，不斷創造需求與品味皆符合它們期待的消費者。

某些鄉土實務消失，不會引人惋惜。法國大革命創造出的法國公民標準化模式，取代法國行省（province）的教區徭役（patriarchal servitude）制度，自然是一種解放。技術的進步，像是火柴與洗衣機興起，淘汰燧石、火種、洗衣板，意味著省下好些力氣。誰會想反彈，挺身捍衛鄉土操作，抗拒通用流行呢？

權力集中的同質化推動機關，根本無暇分辨異同。他們自認挾帶「普世」優勢，試圖取代所

＊ 譯注：羅馬帝國時期的思想家與散文家。

有的鄉土規範，但請不要忘記，在絕大多數案例中，所謂的「普世」，只是北大西洋當地鄉土運作的偽裝而已。結果就是文化、政治、經濟多樣性大幅消滅，語言、文化、財產系統、政治形式，尤其是在底層支撐它們的感官模式、生活模式大規模的同質化。人們會帶著焦慮往前看，在不遠的未來，一個來自北大西洋周邊國家的生意人，走下飛機，來到世界的任何一個地方，都可以看到體制秩序——法律、商業法則、政府部會、交通系統、財產形式、土地契約，分外的熟悉。為什麼不呢？這些制度不就來自他的老家嗎？只有美食、音樂、舞蹈與當地服飾還保留了異國風情、民俗色彩……但也被徹頭徹尾的商業化了，跟消費品沒兩樣。

# 三、塑造人類

大道甚夷，而民好徑。

——《道德經》

## 碎片十一　遊戲與開放性

一九四三年，儘管哥本哈根大勢不妙*，安姆卓普（Emdrup）丹麥工人住房合作社（workers' housing cooperative）的建築師，還是冒出一個設計遊樂場的新點子。老經驗的景觀設計師幫社區預留了傳統的遊戲空間，但他卻發現，好些孩子厭棄鞦韆、蹺蹺板、旋轉木馬與溜滑梯的有限可能性，寧可溜去大街上，竄進建築工地或者空屋，看找到什麼材料，就根據當下的靈感，隨意組合拼裝。他的想法是乾脆設計一個建築工地，裡面有乾淨的沙子、碎石、木材、鏟子、釘子與各種工具，留給孩子。結果大受歡迎。日復一日，總是人滿為患；創意層出不窮，比起傳統的遊樂場，這裡的衝突與尖叫聲也少了許多。

安姆卓普的「冒險遊樂園」瞬間爆紅，在世界各地引發跟風：斯德哥爾摩的「自由城」、明尼亞波利斯的「後院」、丹麥出現其他的「建築遊樂場」以及瑞士的「魯濱遜遊樂場」，提供工具給孩子，讓他們自由發揮，雕塑或者營建花園。

「後院」在啟用之後沒多久，惹上麻煩。園方舉辦比賽，看誰能在最短的時間內、蓋好最大的木屋，好多木材跟工具被囤積、藏匿起來。口角時起，還爆發幾起入侵事件，奪取工具與物資。眼見遊樂場已經失控，不得不由成年的園方管理人員接管，負責營運。但也就在幾天以後，掌握放置地點的小朋友，自行組織「打撈作業小組」，取回物資，設立系統，分享工具與木材。不但解決欠缺物料的現實問題，與此同時，還營建出一個新的社區運作機制。

* 譯注：當時的丹麥仍被納粹德國占領。

圖3.1　丹麥安姆卓普工地遊樂場。© Tim R. Gill

我必須補充一點：這種廣受歡迎的遊樂場，雖然滿足了孩子創造的渴望，卻絕對不符合視覺秩序的標準與都市空間設計師的期待。在這樣的場域裡，工作秩序遠遠超過視覺秩序。外觀一天到晚都在改變，拆除、重建，從未中斷。科林．沃德（Colin Ward）曾經用如下的段落，形容「冒險遊樂園」：

> 一則無政府的寓言、自由社會的縮影，有相同的緊張，也有不斷變換的和諧、相同的多樣性與自發性、自然而然成長的合作關係，喚起沉睡的自覺，釋放個人特質與團體意識。[1]

我曾經參訪曼谷非政府組織，在貧民窟推動的住宅改造計畫。基本上他們跟孩子們採行相同的理念，不只幫當地的民眾改善住處，還在此基礎上開展政治運動。非政府組織首先說服市政當局，在貧民窟裡出讓一小塊土地。社工隨後找出不超過五至六個家庭，合作建立一個小聚落。由他們自行選擇建材、規劃基本空間配置、設計結構，還要拉起袖子一起建造。每個家庭同享血汗產權（sweat equity）*，投入未來二至三年（利用自己的閒暇時間）的建築工作。沒有任何一個家庭知道宿舍完工之後，會分配到哪個區塊；所以對所有地方都一樣關注，確保相同的施工品質，每個階段也都不敢放鬆。這幾個家庭在設計之初，就保留面積不算大的公共空間。等到宿舍終於完工，分工與合作架構（過程發生緊張衝突在所難免）也大體就位。現在，這幾個家庭擁有了胼手胝足打拚出來的產業，也有共同的利益需要維護；在這過程中，也取得順暢運作的經驗。成功的貧民窟改造運動，少不了他們跟其他類似的團體居中穿針引線，充當體制連結點。

安姆卓普遊戲場的磁吸能力，事後回想起來，起源自開放性，讓在裡面玩的孩子，自由自在的發揮創意與熱情，做他們想做的事情。這是一種刻意的留白與開放。也就是說，讓使用者用天馬行空、不斷改變的設計去填補。你也可以說，面對孩子遼闊的心靈，如何發明，如何運作，希望與想像又會如何進化，設計師坦承所知不多，於是保持極謙卑的姿態。但前提不會改變：讓孩子自由自在的建造。設計的基礎來自於對孩子的觀察，看他們對什麼感興趣、需要什麼原料去實現夢想？遊樂場開放、自治，把大人的督導降到最低。

幾乎所有的人類機構都可以用前述的標準評估。就使用者的目的與能力而言，究竟能開放到怎樣的程度？鞦韆、蹺蹺板再怎麼樣，也就那幾種玩法，孩子一下就探索完了。相較而言，開放

---

＊　譯注：勞動者對產業進行改良，增值的部分即可收歸己有。

建築等於一個擁有無盡可能性的自助餐廳。學校宿舍房間都是標準配置，漆上相同的顏色，雙層床、書桌釘進牆板或地板，簡單來說，就是封閉結構，完全不給學生任何想像與調整的空間。有的房間或公寓備有可移動隔間、多功能變形家具與彩色裝潢，多目標空間配置，比較能夠包容使用者的創意。在特定個案裡，甚至會接納使用者的觀點，一起發想設計理念。某些大學校園裡有大片的綠地，一開始也沒有規劃步道，刻意預留一段時間，看每天上千名學生的移動狀況，根據他們的實際需求，再來鋪設。「道行之而成」，這種程序再度證明了莊子的智慧。

測試開放性，可由行為或者機構的形式、目的與規則來觀察，根據追尋（pursuing）者與使用（inhabiting）者共同的意願，能被修正到怎樣的程度，作為標準。

我們拿戰爭紀念做個簡單的比較，或許有助於了解。從參訪者感受的品質與感動的程度來評估，華府的越戰紀念碑肯定是有史以來最成功的紀念性建物。由華裔建築師林瓔（Maya Lin）設計。她依托略有起伏的建地，用低矮、連綿的黑色大理石長牆作為標記（marked，而非主宰），上面遍刻犧牲者的姓名。死者的姓名刻意不用字母、軍隊編制，更不是官階；而是依照時序，犧牲日期——歿於同一天，甚至同一場戰鬥——的先後來排定。不用悼文或者雕塑，沒有更崇高的宣示。沉默不足為奇，畢竟，這場戰爭掀起的政治對立，依舊壁壘分明，至今沒有消弭的跡象。

紀念碑最動人之處，就是為訪客——尤其是追悼戰友與摯愛的親朋好友——預留的貼心設想。他們一般會先找到犧牲者，手指輕劃過刻進牆面的姓名，再拓印下來，留點手做的小飾品或者特意帶來的紀念物——一首詩、一隻女性高跟鞋、一個香檳杯與一手撲克好牌。貢品多到得蓋另外一座博物館來收藏。許許多多的追悼者，站在牆前，輕撫同一場戰爭犧牲者的姓名，懷念深愛的親友；眼前的這幅景象，無論對戰爭抱持怎樣的看法，都不免深受觸動。

我相信紀念碑之所以擁有偉大的象徵力量，絕大部分來自於開放性，容納訪客獨特的意義、歷史與記憶，以榮耀死者。我們甚至可以說，紀念碑需要參與，才能成就真正的價值。這當然不能拿來跟羅夏克檢測（Rorschach test）*相比，但是紀念建物的意義要圓滿，主要是靠參與者的感受，不是本身咄咄逼人的形象。（當然，真正的越戰紀念碑，應該是寰宇四海的，應該把越南軍民的犧牲名單，跟美軍陣亡將士一併列上。這樣的紀念牆，一定比現存的長上好幾倍。）

讓我們拿另外一座風格迥異的紀念碑，來比較說明：重現第二次世界大戰，美國海軍陸戰隊在硫磺島摺缽山升旗的雕像。雕像本身道盡了一切，歷經艱苦的戰鬥，死傷慘重，這是宣告勝利

* 譯注：也被稱為墨跡測驗。受測者描述墨跡形狀帶給他們的感受，據以分析其心理狀態。

的最後時刻，英雄形象，躍然而出。硫磺島海軍陸戰隊戰爭紀念碑強調的是愛國主義，表徵是國旗，主題是征服，雕像的尺寸超過真人，隱藏的意涵是團結一致、攻克萬難，沒有留下任何空間給參觀者發揮。美國對於二次世界大戰的看法並無異議，也難怪這個紀念碑是以崇高偉大、絕不含糊的姿態出現，雖然不至於到「密封裝罐」的地步，但跟其他戰爭紀念物一樣，都自行具備一套完整的象徵意義。參觀者只能滿懷敬意的臣服於前，凝視著透過照片、雕塑，早就成為太平洋戰爭經典形象的建物。但他們只能單方面接收，無法增添讓意義

圖3.2　越戰紀念碑，華府，拍攝於二〇〇六．一〇．〇八。
（圖片來源：Sox524，wikipedia）

更加完整。

跟戰爭、死亡一比，先前提到的遊戲，就顯得微不足道了。畢竟，遊戲除了好玩、享樂之外，別無目的。玩這個比做別的事情有意思，就成功甚至達到成效了。遊戲其實非常有教育意義，尤其是最終被證明是開放、無須層層節制的遊戲，從更寬廣的視野來看，是門值得嚴肅面對的好買賣。

所有哺乳動物，特別是智人（*Homo Sapiens*）看來都會花很多時間，玩沒有明顯目的的遊戲。撇開別的不談，不講規矩的遊戲、瞎打胡鬧的玩耍可以讓他們發展出肢體的協調性、活動力、情

圖3.3　硫磺島海軍陸戰隊戰爭紀念碑，華府。
（圖片來源：Christopher Hollis，wikipedia）

緒管理、社會化與適應性、培養出歸屬感，訓練如何傳達社交訊息、爭取信任與持續嘗試。包含現代人（*Homo Sapiens Sapiens*）* 在內的哺乳類動物，在成長歷程中，如果抹去遊戲，極可能招致毀滅性的結果。遊戲的重要性由此可見一斑。不讓玩，不管哪種哺乳動物，發育不易成熟。在我們人類社會，從小摒棄遊戲的人，較常出現反社會的暴力行為、容易沮喪，根深柢固的難以輕信周邊的人事物。國際遊戲研究所的創辦人，斯圖亞特·布朗（Stuart Brown）發現，最暴力的反社會人格有一個共通點，就是在生命的一開始，就被剝奪遊戲機會。無論在社會性還是生理性上，跟人類活動中另外兩種沒有目的的行為——睡眠與作夢——相比，遊戲都有更強的奠基、打底功能。

## 碎片十二　笨蛋，問題是無知啊！不確定性與適應力

效率這個概念跟遊戲強調的開放，極不相容。行動目的如果被嚴謹界定——製造汽車、紙杯、膠合板、電燈泡——至少在眼前，經常只有一種最具效率的生產方式。如果某個機構或者工廠，工作流程一再重複、穩定不變、一如意料，證明固定的套路，格外便利，久而久之，便會轉

為自我封閉。

只講究「效率」會有什麼缺陷，至少可以用下面兩種觀點，加以說明。

首先，也是最明顯的是：一般而言，絕大多數的經濟運作或者人類事務，靜止不變的環境，只是例外；一旦外在情況變動到足以察覺，例行的規矩很可能被證明適應不良。一個工人熟稔的技巧越多，累積的本領越大，就越能對付難以預期的工作環境，延伸來說，一個機構裡擁有越多彈性應變的人才，適應力當然就越好。面對瞬息萬變的世界，無論是機構還是個人，適應力與應變幅度都是最佳保險。從更寬廣的視野來看，直立人（*Homo erectus*）超越其他靈長類動物，脫穎而出的優勢中，最關鍵的因素必定是：擁有讓人印象深刻的能力，因應說變就變的複雜環境，最終，得以有效的運用環境帶來的優勢。

我曾經把適應力與應變幅度的體驗，實際帶回家過。那是一封健康新聞信，篇幅不長，討論營養成分的科學新發現，由我服務的大學印行。上面寫道：過去十五年，我們發現並且開始掌握

---

* 編注：又稱「晚期智人」。生物命名結構為「屬、種、亞種」（Genus、species、subspecies），現存人類是人屬中僅剩的一支物種，也同時是智人這個物種中僅存的一個亞種。

好些攸關健康至巨的營養素。截至目前還不錯，四平八穩；以下的觀察，我認為才是創見。（簡述於後。）「我們預見，」新聞信接著說，「在接下來的十五年裡，我們會在日常的膳食中，發現更多目前無法得知，卻有益身體的新元素。」「有鑑於此，」文章繼續，「我們能給與你最好的建議就是，在日常生活中盡可能攝取多樣食材，才可能將它們一網打盡。」行文至此，我們這才了解，專家建議的前提，其實建立在我們對於未來的所知不多。

第二層不足嵌在效率的靜態觀念（static concept）上。這個概念完全忽略一個事實：不管是怎樣的流程，只要牽扯到人力，就必須要考慮工人的容忍程度。通用公司（General Motors）設在俄亥俄州洛德斯維爾（Lordsville）的汽車組裝廠，是完全根據最先進的條件，打造出的生產線。線上的每個程序、每個環節都被拆解成上千個個別動作，簡直就是福特式效率的典範。建築內部光線充足、通風良好，地板一塵不染，為了舒緩機器噪音，還不間斷的播出輕音樂，在工作時間表裡，也考慮到休息時間。打著「效率」的名號，號稱最快速的流水裝配線，工作節奏緊上加緊，史無前例，是人類發明的頭一遭。但工人百般不適應，暗地裡小動作不斷，千方百計搞破壞。

工人憤怒、沮喪，生產線上的零件動輒毀損，更換比例衝上新高。廠方最終只好重新設計，降低人工執行的速度。我們舉這個例子的目的，是想說明以下的重點：勞工抗拒不合人性的速度，等於迫使精心設計的生產線，成效不彰。從新古典經濟學（neoclassic economics）的角度來看，爭取勞工的接受與容忍，是生產效率的先決條件。如果勞工拒絕遵行工作紀律，自然會想出各種手段，讓效率提振淪為泡影。

## 碎片十三　人類生產總值

如果我們繞開狹義新古典經濟學對於效率的定義：每一單位的固定產品要消耗多少成本（比方說，資源、勞動與資本）；那麼，談到機構、活動，我們問得出別的問題嗎？比方說，特定的行為或機構，會造就出怎樣的人？只要想像得到，不論是怎樣的行為或機構，不管標榜什麼目的，終究是會改變人的，不管你願意還是不願意。

我們能不能跟某個機構宣示的目標與提升的效率，等量齊觀，問一個同樣重要問題：人類的產值究竟是什麼？有很多角度可以評量人類在機構與經濟活動中的成就，但實在難以發展出一套深具說服力、能包容全面的人類生產總值（Gross Human Product, GHP），再怎麼勉強，也比不上以貨幣單位為基準的國內生產總值（Gross Domestic Product, GDP）。

如果我們甘冒奇險，硬著頭皮發展出一套標準，至少可以找出兩種可行的取向：生產流程如何擴大人類能力（capacities）與技術；其次，在勞工的自我滿足感中，找到若干判斷線索。前者，在原則上，可以根據「多或是少」的排序，來進行測量。

如果我們把「人類能力與技術」這個標準，運用在工業裝配線上會有怎樣的結果？無論在洛德斯維爾，還是在里弗魯日，裝配線開工之後五六年，勞工能力與技術在實質上有擴大嗎？多半感受不到吧，我這麼猜想。事實上，碼表時間分析（time-and-motion）***就是**針對組裝線上的勞力部門設計的，將產製流程細切為上千個片段的小步驟，學起來很簡單。這種刻意設計的目的，**就是**要消滅工藝知識。從打造馬車的年代開始，手工藝**就是**一路傳承下來的專業技能。生產線的前提就是去技能（deskilled）、標準化的工作場域，每個「人手」都可以輕易替換。如果我們說，這種管理方式大行其道，靠的是「鈍化」（stupidification）勞動力，應該並不為過。勞工在這種地方還能擴大自身的「能力與技術」，要不就是利用私底下的時間自我充實，要不就是暗地搞鬼，想出什麼陰謀詭計，跟管理層鬥智，洛德斯維爾就是例證。無論如何，只要我們用擴大人類「能力與技術」來衡量生產線，結果肯定不及格，無論生產車輛的效率有多高。一百五十年前，托克維爾（Alexis de Tocqueville）評論亞當・斯密（Adam Smith）的經典理念，分工，問了一個直抵核心的關鍵問題：「對這輩子花整整二十年時間做針頭的人，我們還有什麼好期待的呢？」[2]

在經濟學裡，有所謂的「希克斯收入」（Hicksian income）效應，概念來自英國經濟學家約翰・希克斯（John Hicks），代表福利經濟學（welfare economics）的早期版本——只有生產因素：特別是土地、勞工在過程中沒有劣化，「希克斯收入」才可望增加。假設生產因素劣化，下一輪生產週期的起點，一定較為貧弱。也就是說，如果土地養分被吸收殆盡（有時被稱為「土壤探勘」〔soil mining〕殆盡），劣化的幅度一定會導致「希克斯收入」減少。同樣的道理，包括流水線在內的各種生產方式，只要人類「能力與技術」劣化，「希克斯收入」也會跟著損失。倒過來當然也說得通。能夠充分涵養、復原地力的耕作方式，或者強化勞工技能與知識的製造方式，也會反映在農地或公司的「希克斯收入」遞增上。福利經濟學定義的正、負外部性都列在「希克斯收入」的計算中，但鮮少（這是當然）出現在公司的淨利裡。

＊　譯注：一種工作量表，主要用於重複性較高的短期工作。

「能力」在這裡有廣義與狹義兩種理解方式。舉個例子，比方說，汽車工人，狹義的理解就是指，他能勝任流水線上多少個「職位」？會不會打空心鉚釘、會不會焊接、能不能學會公差調整（tolerance adjustment）？廣義的理解就是他們有沒有接受訓練、夠不夠格接下需要更高技能或者管理知識的職位、在工作流程中有沒有合作的經驗、能不能激發更好的創意、有沒有在工作崗位上習得協商與說明的技巧？如果我們把相同的標準套用在民主公民身上，很明顯的就會發現裝配線是徹頭徹尾的專制環境，決策權完全掌握在工程師手裡，員工自成單位，可以互相取代，工作幾乎都是自動分發。實際的生產過程當然不可能這樣順利，但隱含的邏輯就是如此。這種裝配線生產出來的「民主產品淨值」，肯定是負數。

如果我們針對學校，這個在世上絕大多數區域，都是年輕人社會化的主要公共機構，問相同的問題，會得到怎樣的答案？不過，請先掌握一個事實：公立學校系統跟大型工廠幾乎在同一個時間點誕生，是同一屋簷下的產物，兩個組織根本就是親戚，想來，質疑的焦點就更加準確了。從某個角度來看，學校就是提供算數與閱讀基本訓練的工廠，目的是滿足工業化社會的需求。葛萊恩（Thomas Gradgrind）是狄更斯（Charles Dickens）小說，《艱難時世》（*Hard Times*）中小丑般的主角。他是學校董事會的負責人，斤斤計較，欺善怕惡，所作所為在在讓我們想起工廠：制式教學、嚴控時間、威權教育、強調視覺秩序，此外，學齡勞工士氣普遍低落，幾乎沒有還手能力。

當然，普及公立教育並不只訓練工業所需的勞動力。足以跟經濟相提並論的，還有政治目的。學校也用來生產愛國公民，效忠國家，同時，壓制區域以及地方認同、方言、種族與宗教。法國大革命造就的普及公民權跟全面徵兵是孿生兄弟。在學校系統裡，製造效忠公民較少來自於明擺著的愛國課程，更多的是倚靠口頭宣示、標準化訓練，還有隱藏在課程裡的組織、權威與秩序。

現代化的中小學教育系統跟著演進中的教育理論，不斷調整；在變動過程中，影響最大的因素，首推生活富裕與「青年文化」本身。不過，學校的起源是工廠（如果不是監獄的話）這一點斷無疑義。強迫性的義務教育，就算再民主化，除了極少數的例外，總得上學。出席與否由不得學生決定，也不是自動自發的行為，意味著學校從根本上就踏出了錯誤的第一步，作為一個控制機構，這種脅迫蘊含有全然的疏離感（alienation），隨著孩童逐漸成長而更加明顯。

公共學校系統最大的悲劇，在於學校本身就是一座生產單一產品的工廠。近幾十年來，在標準化、量化、測驗、可信度等諸多概念推波助瀾之下，情況更加惡化，驅使學生、老師、校長、整個學區將全副心力，跟上流行，製作標準化產品，符合品管員建立的標準。

但這產品究竟是什麼？是被狹隘的理解成為某種形式的智力分析，而且被認定可以經由測驗得到結果。我們當然知道一個社會所需要的技能，遠遠不僅只有智識分析而已，有好些像是藝術天分、想像力、機械創造力（福特早期雇用的工匠，從農村進到工廠的那一批）、音樂與舞蹈的技巧、情緒控制、社交技巧以及倫理智慧等。前述能力，有一部分能在課外活動中習得，特別是體育；卻無法量化，打不出客觀的分數，很難在學生、老師與學校倚靠的教學活動中，找到立足之地。單調扁平的教育在法國、日本、中國、韓國的教育體系裡，被奉為不可動搖的指導圭臬，教學活動最終會導向單一考試，學生未來的前景、發展的機會，全靠這一試定終身。在這些地方，家長煞費苦心，想方設法，讓孩子擠進好學校、利用課外時間學習才藝、參加各種模擬考試，早就是一種狂熱的全民運動。

諷刺的是：寫這本書的我以及正在閱讀這本書的各位，極可能是這場老鼠賽跑（rat race）的贏家、既得利益者，也讓我想起在耶魯廁所裡看到的一幅塗鴉。有人寫道，「就算你贏了老鼠賽跑，你還是老鼠。」下頭，出自另外一個人的手筆，回應得很妙：「對，但你是贏家啊。」

「贏得」比賽的我們享有終身的機會優勢與特權，否則的話，好事大概不會輕易出現在我們面前。我們這一輩子都會帶著這個榮銜，享受優越與成就感。勝利賜給我們自信自愛。且慢！讓我們同時思考以下兩個問題：「我們所取得的紅利是否合理？」以及「對於我們自身與他人的價值而言，這種優勢究竟有什麼意義？」結果，我們不難發現：儲存較多社會資本的一群，可以大幅提升經濟與地位向上流動的機率。從學校體系中勝出，在社會中高人一等比例，大概是五分之一。

剩下的人呢？百分之八十在老鼠賽跑中落敗的人，又會怎麼樣呢？他們的社會資本拮据，發展機會自然比較差。也許同等重要的是：終其一生，他們可能都帶著受挫的屈辱、覺得自己沒有價值、低人一等，腦筋怎麼就是轉不過來？系統效果還會進一步調降他們的發展機率。但是，我們有什麼說得過去的理由，去肯定這種判斷系統呢？它只能測出非常狹窄的人類才能，而所謂的成就指標，說穿了，也只是考試成績好不好罷了。

那些拙於分析的學生，考試成績多半不理想，卻可能擁有極其驚人的才幹與別種型態的智力，只是他們的專長，學校沒培育，也不在意而已。是怎樣的系統浪費諸多天賦，把永恆的印記貼在五分之四的學生身上，在社會守門人，甚至自己眼裡，都一無是處呢？刻板教育坐井觀天，造就出的「智識精英」坐享的特權與機會，已經值得商榷了，還造成如此的社會傷害與浪費，值得嗎？

## 碎片十四　照護機構

二十年前，我跟某家「照護」機構打交道，結果大出我的意料之外，幸好即時懸崖勒馬。我的兩個嬸嬸，先生跟孩子都走得早，住在西維吉尼亞的退休之家，距離兩人任教的學校不遠。退休之家的規模不大，只能收容二十來人，要自己穿衣服、有走動的能力，能夠到餐廳吃飯。兩個嬸嬸都是八十五歲上下，其中一位摔了一跤，在醫院裡待了過長的時間，原因是退休之家堅持說，她必須要能夠站立、行走，讓他們親眼查證，才願意把她接回去。

兩位老人家都越來越脆弱了。她們想，或許是離開退休之家，轉到護理之家，接受密集的醫療照顧比較好。嬸嬸找上晚輩中跟她們親近的我，去附近的護理之家實地調查，替她們選擇一家條件最好、又負擔得起的療養機構。

我是週五到的。週六晚間我們在退休之家一起用餐之前，我已經看過兩間護理之家。都還能接受，其中一間感覺起來比較友善，刷洗得比較徹底；但比較好的這一間，也還是有股怪怪的味道，滲進每個角落。我也想知道住戶的看法，兩家我都沿著房間一間、一間逛，展開非正式調查，自我介紹、解釋我嬸嬸的情況，聽聽他們怎麼說。評語相當正面：他們說被照顧得很好、工作人員很注意他們、食物不錯，每個禮拜都安排活動，還有郊遊小旅行供他們選擇。

我週日再度出動，探勘附近的兩間護理之家，希望在我飛回去前，全部六間「一網打盡」。當天早上跟週六的行程一樣，我先跟工作人員聊天，接著去找住戶。緊挨接待區的地方，只看到一個護理師；她帶我參觀設施，解釋護理之家的照顧方式。結束之後，我跟她說，想去跟幾個住在這裡的老人家談談。護理師知道我是替嬸嬸來這裡參觀的，首先就帶我去一個兩姊妹共住的房間。她們是一年前搬進來的。

自我介紹、解釋來意之後，我請她們分享經驗談。她們大力稱讚，講得活靈活現，還帶點激情。「這地方也滿適合的。」我不禁想。過沒一會兒，遠處的電話鈴聲響起，隱隱約約，應該在護理工作站。護理師跟我告退，解釋說，週日人手安排得比較少，匆匆忙忙的跑去大廳接電話了。她走出一段距離，大概是聽不見我們講話的聲音了，姊妹倆其中一人豎起手指頭，放在嘴唇上，氣憤填膺，「住哪兒都好，千萬別把你的嬸嬸送到這裡來！」「他們對我們壞透了！」「如果抱怨，或者請他們多做點什麼；他們就會吼回來，叫我們閉嘴。」她們說，有幾個工作人員會拖延時間，故意不帶她們洗澡，或者很晚才把餐點、個人用品送過來。此時，護理師的腳步聲響起，逐漸接近；其中一個老太太又把食指豎起來，比在嘴唇前，我們開始東拉西扯。護理師走進來的時候，只聽到我們無關痛癢的聊天。

在我開車造訪第四間護理之家的時候，突然驚覺我剛剛看到的其實是一個低度恐怖政權的操作情況。根據方才的經驗，住戶全靠工作人員提供基本生活需求，自然會按照工作人員的期望，說些場面話，以免招來報復。我嬸嬸教了一輩子的英文與辯論，帶有濃厚的拿破崙情結，在這樣的政權下討生活，想必不大好過。我這時才恍然大悟，難怪先前跟住戶聊天的時候，身邊都一直有工作人員打轉。既然如此，在我抵達清單上的第四間護理之家之前，我已經想明白了。這一次，我一定要堅持單獨行動，護理之家大部分的設備，我都要親自去看，想跟誰講話，就跟誰講話。如果拒絕我的要求，跟先前的三間一樣，總得有人從旁監視，那我扭頭就走。

結果，沒想到，我居然還找到新的判斷基礎。跟那邊的工作人員聊著聊著，我講到我的兩個嬸嬸都是老師，護理長問我她們叫什麼名字？然後驚呼：「喔，哈琴森小姐啊！我記得她，她是我高中的英文老師。好嚴格，但我記得有一次她邀請我們去她在杉地維爾（Sandyville）的農莊玩呢。」我覺得，只要我嬸嬸還是「哈琴森小姐，我們的英文老師」，就不再是一個沒名沒姓、八十來歲的脆弱老太太。我有理由期待她在這裡可以得到比較親切的照顧，更個人化的關懷，最理想的狀況，愛屋及烏，還能兼顧她的室友跟姊妹。我只希望艾琳娜嬸嬸的拿破崙情結不要讓她的學生，印象過於深刻；如今終於逮到機會，將護理之家，變成聖赫勒拿島（St. Helena）*。

讓我有些沮喪的是我預見兩位嬸嬸的未來，她們曾經擁有權力與威勢，如今時異勢殊，在人生的最後階段，淪為仰人鼻息的弱者，恐懼而沉默。我們也不應該忽視盛行於看護人員之間、把老人當嬰兒哄的表達方式。儘管他們的負擔也夠重的了，但總是愛用這種口氣跟老人家說，「好啦，親愛的，現在是做個乖女孩，乖乖吃藥的時候啦。」

一副功能漸失的身體，必須要倚靠壓力沉重、薪水不高的看護，提供最基本的需求，會在多短的時間內，塑造出多徹底的「機構性人格」（institutional personality）？或者哄小孩的話一再催眠，把老人家轉化成高齡嬰兒的可能性又有多高，大概不難想像。護理之家跟監獄、軍營差不多，與世隔絕，是某種「全面」機構，擁有無所不包的能耐，強迫人們適應制度信條，乖乖就範。

---

* 譯注：拿破崙遭到流放、齎志以歿的小島。

## 碎片十五　制度生活的病態

我們絕大多數的歲月都在制度內度過：從家庭到學校、到軍隊、到公司企業。制度在相當大的程度內，塑造我們的期望、我們的個性與例行生活。我們知道這些制度不斷變化，永遠不會靜止；但是，這些制度加總起來的效果，究竟是怎樣形塑我們，我們可說得出來？

我相信我們可以，也許有些潦草。首先要注意的是打從工業革命開始，人類一頭栽進都市化以來，身無恆產的人口飛快增加，轉而依靠大型階層組織謀生。以往的小農牧、小商家的個體經濟，跟無產階級其實相差不多，總是飢寒交迫、朝不保夕。但再怎麼樣，他們也不至於每天都得接受經理、老闆、工頭的擺布，沒有商量的餘地。就算是佃農，受制於地主、債主，摸不清楚上意，但是每天該幹什麼，還是自己決定：什麼時候該播種、要怎麼耕耘、何時收成與銷售，別人也管不著。相較於他們的自由，工廠裡的工人，每天從早上八點到下午五點，被綁得死死的，被機器的速度牽著走，受人或電子儀器密切監視。即便事無鉅細都照管到無微不至的小東家，講起工作的節奏、規定、監管，跟現代的服務業一比，也是瞠乎其後。

第二件要注意的事情就是：這些制度，除了極少數的例外，都是根深柢固的階層制度，一般都很專制。我們可以說，訓練連同父權家庭，是階層化的起點，無論是農業還是工業社會都一樣。跟那種把婦女、孩子、奴婢當作是財產的家庭結構一比，父權家庭是沒有那樣專制，截至目前為止，也還生存得不錯，但除了作為一家之主的男性成員之外，並不是培養自治與獨立的好場所。歷史上，父權家庭是訓練多數成員接受奴性支配的牢籠，也是男性族長與晚輩繼承者，操演、實習專制主義的皇宮。一個成年人大半輩子都生活在專制的環境裡，獨立性與自主性慘遭剝奪，父權家庭中的奴性經驗，自然會不斷強化，提升人類生產總值的前景，絕難樂觀。

生活多半得在卑躬屈膝的環境裡苟延殘喘，自然很難期待，成為民主政治中夠格的公民。當人們在醒著的時候，總是乖乖聽命，奮力求生，只求自保，突然間，換個環境到比方說鄉鎮議會，就會變得勇氣十足、獨立思考、願意冒險，立刻展現個人主權（individual sovereignty）的種種特質嗎？一個從工作到日常生活，全都屈從於獨裁制度下的人，轉到民主環境，要怎樣才能轉成民主公民，肩負起應有的責任？威權環境深刻的形塑了人民的性格。史丹利．米爾葛倫（Stanley Milgram）在他著名的實驗中發現：絕大多數的受試者都無法抗拒穿白袍的權威人士命令，按下電鈕，電擊實驗室裡面的演員，即便受試者誤以為造成對方的痛苦，甚至瀕臨死亡邊緣，也沒有停止。菲利普．津巴多（Philip Zimbardo）在一個角色扮演的心理實驗中也發現，被指派擔任獄卒的受試者，很快就會濫用權力，因此實驗被迫喊停，以免造成進一步的傷害。[3]

從拉波哀西（Étienne de La Boétie）[*]到盧梭（Jean-Jacques Rousseau），諸多政治哲學家都極為關切階層化組織與獨裁政權導致的政治後果。他們深信專制環境只會培育臣民而非公民。臣民只會養成服從的習慣，傾向討好當權者，營造俯首帖耳的氣氛，即使為所當為，也極少冒險提出獨立的看法，遑論挑戰爭議。

他們尋常的舉止總是小心翼翼。也許秉持獨特的觀點，甚至還會圖謀不軌，卻把自己的想法深藏心中，避免在公開場合展現獨立判斷或者根據道德指引行事。

在最嚴厲的「制度化」（這個詞本身意味著「診斷」），像是監獄、精神療養院、孤兒院、濟貧院、集中營跟養老院，人格疾患有時也被稱為「機構精神官能症」（institutional neurosis）。得到這種病的人對外界異常冷漠，沒有活力、周邊的動靜引不起他們的興趣，沒有計畫，缺乏自發性。他們非常合作、不惹麻煩。當權者視之為順民，較為寬容，因為他們顯然非常適應日常制度。在最嚴重的案例中，他們甚至會退化成孩子，展現相應的姿勢與步調（在納粹集中營裡，因為饑饉瀕臨死亡的人，被其他獄友稱之為「穆斯林」〔Musselmänner〕[†]），變得退縮、難以接近。這種體制效果來自於無法與外界接觸、缺乏朋友、一無所有以及凌駕在他們之上的管理員權力。

我想在這裡提出一個問題：絕大多數現代生活中的制度，像是家庭、學校、工廠、辦公室、工作場域等，都帶有階層化與權威的特性，會不會刺激產生出較為溫和的「機構精神官能症」？在制度連續體（continuum）中的一個極端是全控機構（total institution），摧毀所有成員日常的自主與動力。另外一個極端，也許是傑佛遜民主（Jeffersonian democracy）的理想版本：包括了獨立、自力更生、自尊自重的自耕農、小企業主，肯自行負責，不欠債，也沒有任何制度上的理由，必須要俯首稱臣，或者總得卑躬屈膝。傑佛遜始終認為自營農莊的主人就是蓬勃、獨立的公共領域（public sphere）基礎，能夠暢所欲言，沒有恐懼，也不偏袒徇私。當代西方民主社會的公民，就生活在這兩極之間：在相對開放的公共空間裡，每天卻都無法擺脫制度經驗——隱隱約約跟公共領域背後的假設唱反調，暗自鼓勵謹言慎行、畢恭畢敬、聽命行事、跟隨群眾。這會不會刺激出一種「機構精神官能症」，妨礙民主對話的活力？問得再廣泛一些：在父權家庭、國家

---

* 譯注：法國政治哲學的奠基者，反對專制君主統治。

† 譯注：有學者認為飢餓過甚的囚徒，由於無法直起身子，容易讓人想起祈禱時的穆斯林，因而產生了這種說法。

以及其他階層組織中生活，累積出的整體效應，會不會孕育出被動的成員？會不會缺乏自發的相互性，這些同時受到無政府主義者與自由民主政治理論家讚揚的特質？

果真如此，那麼公共政策的當務之急就是扶植能夠擴展獨立性、自主性與公民精神的制度。要怎麼做，才能調整公民的制度性生活，促使他們更具有民主公民的能力？

## 碎片十六　移除紅綠燈：反直覺的小例子

日常生活的規定無所不在，深深的嵌進我們的例行工作與期望，使我們習以為常，終至視而不見。舉十字路口的交通燈號為例好了。這是美國在一次世界大戰後的發明，號誌取代了交通工程師對於「商量」的判斷，規範行人、馬車、汽車與腳踏車的相互關係，經過一段時間的演進，終於成為世界通行的裝置，目的是把具有協調性的工程設計，強灌進用路者的腦海裡，避免意外。一般造成的結果就是新布蘭登堡的交通實況，被我寫進本書的開場：明明沒有任何車輛經過，一堆人不管三七二十一，還是耐心站在那裡，等待燈號變換。習慣成自然，他們沒法擺脫積習，暫時擱置獨立判斷，或者出自公民恐懼，擔心違反專斷的電子法律秩序，會招來難測的惡果。

如果在十字路口不再進行電子執法，駕駛、行人獨立判斷，各行其是，會有什麼後果？一九九九年，從荷蘭的達拉赫騰（Drachten）開始，這個假設開始實地測試，效果相當驚人，從歐洲到美國，掀起一波「去紅燈」的運動。[4]這個小政策的推動與結果，背後蘊藏的理論具有一定的診斷效果：既擴大獨立判斷的範疇，也強化公民自我管理的能力，對於營造新體制，有非常深遠的影響。

這個擺脫直覺控制的交通工程師叫做漢斯．蒙德曼（Hans Monderman），二〇〇三年，他在達拉赫騰率先建議除去紅燈，推廣「分享空間」（shared space），很快的在歐洲站穩腳跟。他的概念起自一個觀察：電子故障癱瘓交通號誌，車流並沒有打結，反而更順暢。他在達拉赫騰選了個每日流量高達兩萬兩千輛的十字街口，改建成圓環，還有延伸出去的弧形路徑，外帶一個行人步行區。撤掉交通號誌之後，意外降到兩件，跟四年前的三十六件相比，創下空前新低。交通運行也比以前更輕鬆，每個駕駛都知道自己要留神，運用常識去判斷，沒法倚靠輔助裝置，以往伴隨出現的路怒症幾乎完全消失。蒙德曼常常拿擁擠的溜冰場來做比較，溜冰的人會根據別人的動態，自我管理，節制自己前進的方向。他還相信，裝設過多的交通號誌，只會讓駕駛分神，無法專注在道路上，十字街頭反而變得比較不安全。

我相信，「去紅燈」可以是個輕鬆的小訓練，讓駕駛更負責任、用路人更加有禮貌。原則上，蒙德曼並不反對交通號誌，他只是在達拉赫騰找不到任何裝置能夠強化安全、增進交通流暢、減少汙染。圓環狀似危險，但這就是重點。他宣稱這樣會讓「駕駛在方向盤前更加謹慎。他們本來就該小心開車」，「後交通號誌時代」的統計數字也證明他的論點是對的。跟其他用路人一起分享道路空間，不用交通號誌強加協調，環境自然而然的要求他們謹慎——法律也會促使用人留意，因為萬一發生意外，責任難以判定的時候，通常會先怪罪「最強的一方」。（比方說，先究責汽車駕駛，而不是腳踏車騎士；先怪腳踏車騎士，然後才是行人。）

空間共享的交通管理方式靠的是駕駛、腳踏車騎士與行人的智慧、良好的判斷、專注的觀察力；從微觀的角度，我們也可以說，這種方式強化駕駛、腳踏車騎士、行人的技術與能力，協調、折衷交通運行，不必靠著密密麻麻、具有強制性的交通號誌（德國有六百四十八種交通圖案，行近某座城市，一路上會看得眼花撩亂）與標示。蒙德曼相信，限制越多，越會誘惑駕駛在規則範圍內，搶占各種便宜：在限速標誌間超速、搶黃燈、不強制的行車禮節一概不甩。駕駛早在限制的迷宮中，想方設法，牟取最大的利益。蒙德曼的發明稱不上具有撼動世界的重要性，卻可以很清楚的看到「人類生產總值」增值的幅度。

交通管理上的典範轉移如今蔚為風潮。在荷蘭的一座小城，豎起一面標誌，宣示他們的驕傲：「無交通標示」，還舉行一個會議討論這種新哲學：「不安全，最安全」。

# 四、給小資產階級一個讚

# 碎片十七　還「小資產階級」清白

物質財富再怎麼增加，也無法補償……侮辱他人自尊、破壞他人自由的各種安排。

——陶尼（R. H. Tawney）[1]

現在是幫小資產階級（Petty Bourgeoisie）說兩句好話的時候了。不像勞動階級或資本家，永遠不愁沒有代言人；小資產階級很少替自身辯解。當資本家群聚達弗斯世界經濟論壇（Davos World Economic Forum）；勞工階級也有各行業工會可以共襄盛舉，唯獨這小資產階級，據我記憶所及，就一次，也僅有這麼一次，在布魯塞爾舉辦過首屆的小資產階級國際會議，時間是一九〇一年。截至目前，還沒有舉行第二屆。

為什麼要棍棒交加圍毆一個相對沒沒無聞的階級，在馬克思主義者的用語裡，甚至不為**自身**考量（*für-sich, for itself*）的階級？有好幾個原因。第一，也是最重要的原因，我相信小資產階級與少量資產，大致代表了自治與自由的領域，在國家體系日漸被私人或公共官僚組織把持的同時，更顯難能可貴。自治、自由，加上相互性，正是無政府主義者最核心的感知力。第二，我深信小資產階級發揮的社會與經濟功能，在**任何**政治體制中，都至為關鍵。

最後，如果我們將階級範圍合理的放寬一些，那麼小資產階級代表著世界上最大的階級。除了我們刻板印象中的小店家，還包括小自耕農、小販、自立門戶的小工匠、小攤商，他們的生財工具經常就是一部手推車、一艘小船、幾樣工具，這樣算一算，小資產階級的數量頓時像是氣球一樣，越吹越大。如果我們再把遊走於階級邊緣的人也拉進來：佃農、自備役用動物代人犁田的農工、拾荒者、在流動市場做點小買賣的婦人，儘管他們的「自理」程度嚴重受限，財產實在少得可憐。但零零碎碎的加總起來，數量就更驚人了。這些人有個共通點，有別於辦事員與工廠作業員，就是他們可以主導自己的工作時間，只受很少或者幾乎沒有督導。只是這種「自理」有意義嗎？懷疑不能說無的放矢；畢竟一天工作十八小時，所得僅能溫飽，價值何在呢？但有件事情很清楚，我們接下來會看到——世界上絕大多數的人都低估了如下的社會期待：對「自理」的渴望、控制工時的主導權，以及隨之而來的自由與自尊自重的意識。

# 碎片十八　鄙視的病原學

在我們開始稱讚小資產階級之前，請暫停，研究一下為什麼這個階級名聲如此狼藉？馬克思主義者瞧不起小資產階級的部分原因著眼於結構。資本主義工業創造無產階級；所以呢，解放無產階級等於是系統性的超越資本主義。很奇妙，也很合邏輯的是：馬克思主義者對於取代封建主義，釋放出現代工業驚人生產力的資本家，既怨恨，也佩服。某個程度上，他們建設出寬裕的物質環境，替無產階級革命與共產主義勝利搭好舞台。相反的，小資產階級就有點非驢非馬了：他們普遍很窮，但再怎麼樣也還是**資本家**。有的時候，他們會跟左派結盟，但僅是酒肉之交，骨子裡，忠誠度很可疑；左右兩個陣營都參上一腳，有機會就爭取升格為大資本家。

法文的 **petite**，被翻譯成英文的 **petty**，而不是，比方說，**small**，造成進一步的傷害。**Petty** 意味的不只是「小」，還帶點不屑的語氣，瑣瑣碎碎、小裡小氣，比方說為了小事爭吵或興訟（**pettifoggery**）、小錢（**petty cash**），並不是單純的「小」。等到這個「小」跟資產階級組成複合詞，就此帶進馬克思與知識分子的鄙視，還混雜了貴族階層對於粗俗品味、追逐金錢、暴發戶陡然竄起的嫌惡。在布爾什維克革命期間，被貼上「小資產階級」的標籤，等於監禁、流放與處死。對於小資產階級的不屑甚至依附到細菌傳染理論，為未來納粹屠殺猶太人埋下不幸的伏筆。布哈林（**Nikolai Bukharin**）* 評論克朗史塔德的罷工，還不忘汙名化工人與水手：「小資產階級的傳染病，從農民**蔓延**到部分勞動階級」。[2] 小戶農民反抗集體化運動時，也招致類似的語氣，痛加斥責：「資產階級如瘴氣、小資產階級像**桿菌**，真正的危險始終存在——**消毒**，勢所難免。」[3] 所謂的桿菌幾乎指的就是自耕農，儘管他們賺得不多，但在收成時也勉強雇得起幾個幫手。當然，絕大部分的小資產階級相對貧窮、工作辛勤，持有的財產只夠勒緊褲帶過日子，所謂的剝削，多半局限在父權家庭裡——有個作家還為此取了個專有名詞，「自我剝削」（**auto-exploitation**）。[4]

對於小資產階級的厭惡，我相信，還有另一結構上的源頭：無論是如今已經瓦解的前社會主義陣營，還是大型資本主義民主社會，都不滿一個現實狀況——不管哪種小資產形式，總是有辦法運用各式各樣的手段，閃避國家控制：產業規模小，難以監督、課稅以及懲治，又善於利用生

---

* 譯注：蘇聯早期最重要的理論家之一。

產活動的複雜度、多樣性與流動性，抗拒規範與執法。一九二九年的危機*促使史達林開展更極端的集體化政策，就是因為當局無法從小農那裡徵調足夠的糧食，只得鋌而走險。一般而言，不管哪種類型的國家，都比較喜歡容易徵糧、課稅的生產單位。同樣的緣故，國家素來視經常遷移的族群為宿敵，包括像吉普賽人、行商、輪耕農民與移工等。他們的行動曖昧不明、飄忽不定，國家雷達難以偵測；相對而言，國家偏愛農產企業、集體農場、大型莊園與國營事業（marketing board），對小型自耕農與貿易商則是疑忌重重。它們喜歡大公司、銀行、綜合企業，討厭小規模的貿易與產業。前者的效率往往不及後者，但是容易被財政機關監控、規範與徵稅。但國家的會計手段滲透得越徹底，「灰色」或「黑色」的非正規、地下經濟活動，就越容易崛起，伺機躲避。有件事情明擺在那裡：口袋最深、規模最大的機構，在政治角力場中，擁有最有利的特權。

## 碎片十九　小資產階級的美夢：財產的誘惑

簡述漫長的歷史，智人，大概在二十萬年前出現在地球。國家約略是在五千年前被「發明」出來的。一千年前，絕大多數的人民生活在國家統治的範圍之外。在國家疆域中的子民多半是小產業業主（農夫、工匠、店主、小販）。西元十七世紀左右，逐漸發展出代表權，根據地位與財產條件授與某些人。最能彰顯現代特質的大型官僚組織，模型起源自修道院與軍營；究其本質，也就是近兩百五十年左右的產品。這也從另外一個角度說明：在國家體制外生活，擁有多麼漫長的歷史。即便是在國家疆域內，十八世紀之前，也被區分為涇渭分明的兩大塊：一邊是在法理上並不自由的人口（奴隸、農奴、隨從）；另一邊是大量的小產業持有者，在理論以及多數時候，擁有成家的權利，包括持有與繼承土地、組織行會、選出地方頭人以及向統治者請願。下屬階層只在兩種狀況下擁有相對的自治與獨立：要不就在邊緣討生活，躲在國家權力不及之處；要不就待在國家體制內，保有些許財產及其相關的微末權利。

我始終覺得，在許多社會中，都找得到這種炙熱的渴望——擁有一小塊自己的土地、一棟自己的房子、開一家自己的店——有利於鞏固獨立行動、自治與安全的邊界。在國家或者鄰居眼裡，也會因為持有這麼點財產，而得以維繫尊嚴、立場與榮譽。在湯瑪斯・傑佛遜眼中，獨立的、小規模的屯墾者，能夠促進社會美德，是民主公民的基礎：

---

* 譯注：一九二九年十一月，史達林強推農村集體化政策，導致生產力急遽下滑，暴力四處蔓延。

土地的開墾者是最珍貴的公民，他們朝氣蓬勃、獨立自主，最具美德。他們與國家緊密相繫，並深信自由的價值。[5]

我的生活經驗與有關農民社會的閱讀使我深信：在邊緣討生活的小產業主，死守一畝三分地的決心，絕對不容輕忽。純粹用經濟的邏輯去推算，不難發現他們應該找得到比繼承祖產，更有利潤的生產方式，至不濟搬進城裡，日子也好過得多。但他們就是用指甲死死的掐著，能撐多久算多久。實在沒法擁有自家田產來耕耘，那麼，次好的選擇也是跟親戚長租（long-lease）一塊地。既沒有地，也租不起田的農民，只好當地主的佃農，但苦戰到最後，怎麼也不肯改行，只求在村落裡，有塊地蓋間小屋子棲身，再苦也甘之如飴。純就收入來說，某些佃農好過小自耕農，某些農務工人的收入又好過佃農。對農民而言，自理、獨立，乃至於社會地位的差異是很重要的。小自耕農就是跟佃農不一樣，不指望著別人給他一塊地種；而佃農至少還有塊地，靠天吃飯，什麼時候幹活，自己決定。農務工人卑微得多，只能低聲下氣的倚靠鄰居或者親戚的好意，賞他們打工的機會。最難堪的羞辱就是失去最後的獨立象徵，連蓋間茅屋的立錐之地都沒有。

村落的階級制度，每下一個台階，意味著經濟安全與獨立地位的梯次遞減。細究小資產階級夢想的實質內容，並不是確保收入的抽象計算，而是極度渴望在社群裡享有完整的文化公民權。在馬來亞的小村莊裡，擁有財產才有資格參與婚禮、喪禮以及開齋饗宴，是一種價值與地位的社會展現。穩固的「中農」持續保有參與儀式的能力，自然是村中最有影響力的人士，同時也是村民欽羡、競相模仿的楷模。離這標準太遠的人，在村裡，不免淪為二等文化公民。

煽動革命最典型的火種，就是糟蹋小資產階級的夢想。號召農民加入革命最有效的口號始終是形式各異的「耕者有其田」。一九一七年，被奧匈帝國擊潰的徵兵戰敗返鄉，使俄羅斯農民革命升溫，參與爭奪土地的行列。大革命前的中國，對所謂的「光棍」（流離失所的「剩餘人口」）、沒有土地的勞工來說，中國人民革命軍（People's Revolutionary Army）代表能擁有自己的土地、建立（父權）家庭的珍貴機會，取得渴望已久的文化公民權，其中最重要的一點，就是保證自己身後有個風光的葬禮。整個二十世紀，無產者前仆後繼加入農民革命，激情始終不減的關鍵（或誘餌？）就是得到土地所有權以及伴隨而來的地位與獨立性。土地改革之後，繼之以農業集體化，不免引發絕大多數農民的反抗，認為當權者背叛他們的期待。

小資產階級的美夢也灌輸進了無產階級工人的腦海中。一九一九年，德國魯爾區（Ruhr）積極好戰的煤礦工人與鐵廠工人，堪稱最具革命性質的無產階級，也是列寧最寄予厚望的革命急先鋒，就是最好的例子。[6]問他們有什麼心願，其實相當平實：想要多一點薪水、短點工作時數、多點休息時間，實在稱不上是什麼非分之想。撇開馬克思主義者嘴裡有些不屑的「工會意識」（trade-union consciousness）之外*，他們也只希望得到老闆的禮遇（尊稱他們為某某先生），有棟自己的小屋子，門前有塊小花園。新產生的工業化無產階級保留他們從農村帶來的社會期盼，或許並不奇怪；但是他們要求社會尊重的各種禮節、獨立支配土地及附屬的文化優越感，卻完全背離了如下兩者的刻板印象：既不像兩眼緊盯著利益、「經濟的」勞動階級，也不像是革命的無產階級。

過去幾十年，美國的民意調查裡總是問工人一個標準的問題：跟在工廠做工相比，他們更喜歡怎樣的工作？[7]想開家店鋪、餐廳，或者有個自己的農場，比例高得驚人。夢想背後有個統一的主題：擺脫嚴密的監控、工作時間自主；在他們心裡，工時過長、環境危險，倒不是非要得到補償不可。絕大多數人無力實現夢想，但希望始終倔強，卻也指出背後蘊藏的力量，不容小覷。

真正的奴隸有別於「薪水奴隸」，想明白這點的人，也該知道不管是多麼微小的獨立資本，只要拿在手上，就是夢想成真。[8]美國南方的黑奴，一旦獲得解放，總是急匆匆的奔向荒地，在人為開發的盡頭，找塊無主共有地，屯墾種植，自力更生，勉強過日子。他們往往只有一把獵槍、一頭騾子、一頭牛、一副魚鉤、幾隻小雞、鵝、一張犁，只消滿足最低的現金流量，最終就有可能養活自己，不再仰「主人」鼻息。貧窮的白人也是用同樣的方法，在共有地上苟延殘喘，生活再苦，也不願意降階倚賴比較富有的鄰居。爭相拓荒的結果，導致大型種植莊園經濟無以為繼。美國南方諸州在一八八〇年代，先後通過「圍籬法」，主要的目的就是關閉無主共有地，逼迫藏身其間的黑人與白人，重回勞力市場，改頭換面，恢復老南方以往的經濟模式，卻也因而產生極度接近奴隸制度的美國佃農體系（share-cropping system）。

自治的渴望如此殷切，有時會走上偏鋒。在工廠裡，生產線精心調整，把工人的自主性減少到幾乎消失。不過工人還是會想辦法偷點自己能夠支配的時間「瞎搞」一番：這是一種獨立的宣示。[9]里弗魯日汽車廠裝配線上的工人，會趕工爭取時間跑去角落打盹、讀點東西，或者玩危險的鉚釘曲棍球。在社會主義時期的匈牙利，工人也會偷時間做點「紀念品」（Homers）——用車床削點小玩意兒——有時費了半天功夫，做出來的東西根本沒用。在一個將「玩樂」剷除殆盡的工作體系中，工人為了拒絕物化（objectification），排遣無聊，經常會發揮創意，確定自己還有

* 編注：根據列寧的說法，單靠勞工階級無法形成革命性、顛覆資本主義或真正的階級意識，而只能組成工會與資方抗爭、向政府爭取相關法律保障而已。

一些自主性。

現代化的農業綜合企業牟求私利，利用邪惡的手段，剝削小業主跟他們的獨立渴望，到了無所不用其極的邪惡地步。家禽契約農場的營運實務，就是極具代表性的例子。[10]大企業當然知道大規模的動物圈養，一旦感染流行病，後果不堪設想；於是，將生產油炸肉雞的工作，轉包給「獨立」農戶。承包商必須根據泰森食品（Tyson Foods）或者其他集團農業企業的各種詳細規定，獨立興建雞舍；大企業只負責評估承包商的抵押品，提供資金融通。雞仔由大企業提供，合約中詳載如何餵食、給水、醫治與清潔，相關設備也由大企業壟斷銷售提供。承包商每天的表現都被嚴密監控，根據家禽的重量與存活率，計算最後報酬，還會根據市場狀況波動。一般而言，合約每年都會續；但並不能保證大企業不會始亂終棄。

這個體系最不合理的一點就是：它創造獨立自主的幻影，卻掏空所有實質的內涵。承包商是獨立的地主（與抵押品的擁有者），但他（或她）每日的工作流程跟執行任務，卻被全程操控，跟生產線上的工人沒兩樣。的確沒有人時時刻刻盯著他們看，但一旦無法爭取到續約，獨資興建雞舍的貸款，就會成為糾纏不清的夢魘。農業集團企業實際上是將購買土地、信用資本以及管理大量人力——聘用人力就需要提供職員福利——的風險轉嫁出去，坐收嚴密監控、標準化與品管各種利益，完全符合現代工廠的設計理念與營運目標。而且，還大行其道！身為獨立資產的擁有者，為了要維護尊嚴，哪怕就只剩最後一點碎片，不惜出讓絕大部分的實質意義，也要保住「農人」的身分。

或許無政府主義者錯估許多人類的狀況，但是他們深信擁有小資產會帶動尊嚴與自治，卻讀透大眾的內心想像，具有高度的洞察力。小資產階級的獨立夢，儘管在現實環境不太容易辨得到，卻沒被工業革命掐斷生機。相反的，它還攫取了新的生命力。[11]

## 碎片二十　小資產階級並不算「小」的社會功能

從英國內戰的挖掘派（Digger）*與平等派（Leveller）†、到一九一一年的墨西哥農民、到西班牙接近百年歷史的無政府主義風潮、到屢仆屢起的反殖民地運動，再到現代巴西大規模的群

* 譯注：主張農場共有，共同工作，分享收穫，被視為無政府主義者的先驅。

† 譯注：英國內戰期間出現的政治運動，呼籲普及男性選舉權等各式傾向自由主義的訴求。

眾運動：最基進的大規模平等主義運動的不變主要動機，始終是對於土地的渴求與恢復失土。如果沒有訴諸小資產的美夢，這些運動不會有成行的機會。

講起小資產階級，馬克思不屑的程度，僅次於**流氓無產階級**（*Lumpenproletariat*），主要的原因是他們既然擁有小型資產，自然就是小資本家。只有無產階級，資本主義孕育出的全新階級，身無恆產，才會義無反顧的投入革命；他們必須推翻資本主義，否則無法擺脫桎梏，獲得自由。這個理論聽起來的確很有說服力沒錯，但歷史事實卻是：一直到十九世紀末，西方最基進的勞工運動主力，始終是由工匠，包括織工、鞋匠、印刷工、石匠、馬車製作者、木匠等擔綱。這些都是古老的手藝，階級形成有年，還有社群主義（communitarianism）的傳統、平等相待的行規以及源自地域的團結一致；工廠新招募來的工人，臨時編組，難以比擬。當然，一八三〇年代大規模的經濟變遷，也進一步影響工匠的生計，威脅到原有的社群與行業。他們的反抗是維護既有自主性的斷後行動。就像是巴靈頓．摩爾（Barrington Moore）[*]呼應湯普森（E. P. Thompson）[†]的說法，如此寫道：

> 基進主義的主要社會基礎來自於農民與城裡的小型手工業。從這個事實來看，或許可以

> 做出如下的結論：人類自由的源頭，不只是如馬克思的觀察，來自階級奪權的期盼，更重要的，也許還是垂死階級的啜泣，在他們的面前，進步的巨浪即將席捲而來。[12]

整個冷戰時期，拆卸革命引信的標準手段，始終是先發制人的土地改革，儘管精英不時會出手阻攔。一九八九年社會主義集團瓦解之後，根據新自由主義共識打造的組織，像是世界銀行，才把土地改革從政策議程中刪除。陷入困境的小資產階級，受到一波又一波的右派運動威脅，也是鐵一般的事實。如果想要寫一本力爭平等的鬥爭史，不把工匠、小農民與他們力保小資產獨立的激情，放在最核心的論述，斷難成書。[13]

我們曾經舉出很強的事證，說明小資產階級在創新與發明上，扮演不可或缺的經濟角色。他們是開路先鋒，儘管未必是最後的獲利者，絕大多數的新生產流程、機器、工具、產品、食物甚至理念，都出自他們的手筆。軟體產業近來的長足進步，就是最明顯不過的例子。好些發明來自

---

* 譯注：美國歷史學家、比較政治學家，最有名的作品是《民主與獨裁的社會起源》（*The Social Origins of Dictatorship and Democracy*）。

† 譯注：英國著名左派歷史學家，著有《英國工人階級的形成》（*The Making of the English Working Class*）。

個人，或是幾人組成的小團體，隨後才由大公司收購或者吸收。大公司基本上變成搜尋新創領域的「星探」，發現任何具有潛力（或者威脅性的）構想，便藉由雇用、侵權、購併等手段，收為已有。大公司的競爭優勢主要是資本化、市場力量大小、政治遊說與垂直整合能力，激發原創構想與發明非其所長。[14]當然，小資產階級的確無法將人類送上月球、建造飛機、在深海中鑽油井、營運醫院，或者製造、行銷重要的藥物及手機。大公司的能耐來自於整合上千個公司內部不曾，也沒有能力研發的小發明跟新流程。沒錯，整合能力本身就是大公司最重要的發明；但大公司取得寡占地位的關鍵，主要是消滅或者併吞潛在對手。為了達到這個目的，它們扼殺與促進創新的能力，堪稱旗鼓相當。

## 碎片二十一　小資產階級的「免費午餐」服務

沒法笑臉迎人，請勿開店。

——中國俗諺

不久前，我跟朋友到慕尼黑，探望她年邁的雙親，在她老家住了幾天。兩位老人家相當虛弱了，大部分時間都窩在公寓裡，但在清涼的夏日早晨，他們還是堅持在附近溜達。有好幾天，我跟朋友陪著他們到附近商圈採買，有時真的會兜上好幾「圈」。他們會先到一家小雜貨店，買點蔬菜跟耐放的乾貨罐頭；然後，到相距不遠的生鮮店挑些奶油、牛奶、雞蛋跟起士，接著去肉鋪，挑點豬後腿肉，再轉去小攤子買水果，到小公園看孩子們玩兒，最後去報攤買雜誌跟本地報紙。行程一成不變，每進一家店，都會跟老闆聊會兒天。有時講幾句，有時沒完沒了，端看當時店裡的客人多不多。一般是聊天氣、前兩天附近發生的交通意外、問問共同的親朋好友近況如何、左鄰右舍哪家又生了小朋友，誰家的兒子女兒怎麼怎麼了、交通噪音實在是受不了，云云。

外人可能覺得這些對話淺陋得很，也就是家長里短的瑣事，純粹打發時間。但有一大特點：他們議論的人事物，**沒有任何**一個是沒名沒姓、沒來由的。他們都知道被議論的人，叫什麼名字，還知道好些他們家族的歷史。在一旁沒法脫身的我，在談笑風生中，不由得感受到一種淡淡的社交性（sociability）貫穿在對話中，也開始了解商圈就是我朋友雙親最重要的社交圈。論效率，去不遠的大賣場一次購足，比這樣溜達便捷得多。但，花點時間思考一下，你很快就會發現店鋪老闆其實是不支薪的社工，提供老顧客簡短但親切的陪伴。「不支薪」不算是很貼切的形容詞，因為小零售店的價格總比大賣場高一些；店鋪老闆心裡也隱約明白，微笑、寒暄幫他們建立穩固、忠誠的客戶，是確保生意興隆的不二法門。除非我們極端憤世嫉俗，一口咬定店鋪老闆的微笑別有所圖，要不然，換個角度想，整天在櫃檯後面切肉、磅秤、數錢，有機會跟客人閒聊兩句，也是挺愉快的消遣。

在這小小的情境裡，小資產階級每天都提供可靠的社會服務，不收費，也不是任何公共組織或官員取代得了的。這只是小店鋪老闆每天開店做買賣，兼顧自身利益，提供的諸多免費服務之一。珍・雅各以鞭辟入裡的民族誌內涵，觀察街坊運作的肌理與公共安全，分門別類出好些範例。[15]她著名的概念「街道眼」（eyes on the street），出自於一九六〇年的原創觀察，已經成為現代都市鄰里的設計原則，偏向由相互熟悉的行人、店主、住戶，非正式但持續監視、照管附近區域。有這些人在，街頭自然活絡起來，一邊工作生活，一邊維護社會秩序，無須或者僅需部分的外界涉入。我們的目的無非是說明：「街道眼」需要一個多功能的密集居住型態，要有很多小店、工作室、公寓，提供相關服務，保證跑腿的、逛街的、送快遞的行人，持續移動順暢。在這流程中，最重要的基石就是小資產階級店主。他們一天到晚都待在店裡、熟知顧客，顧店之餘，順便守望街坊。這種區域比人跡罕至的荒涼角落要安全得多，算得上是一種很有價值的服務，有效確保公共安全，且是其他綜合行為的副產品，不花公眾一毛錢。如果這種非正式的結構付之闕如，警方終究會發現，維持治安，頗為棘手。

小資產階級提供的服務，比方說店鋪主人的微笑，是錢買不到的。雅各還發現幾乎每一個城市區塊，總不乏長時間營業的商店，會應附近住戶的要求，代為保管鑰匙，在他們出城的時候，讓親戚朋友過來暫住。店主人抱著服務客戶的心情，順道幫點小忙；實在很難想像有什麼公家機關，願意接下這種吃力不討好的工作。

當然啦，大賣場坐擁大量採購的影響力，能夠壓低工業製品的價格，賣給消費者，比小資產店鋪便宜。但如果你把小資產階級提供的公共財（正外部性〔positive externalities〕*）——包括非正式的社會工作、公共安全、鮮活街景帶來的趣味性與美學感受、多采多姿的社會經驗與個人化服務、歸屬感、人脈網絡、鄰里間的走告傳播、八卦、社會團結、公共行動的基礎以及（擁有小資產的農民）對於土地的細心照料——一併算上，優勢誰屬，就沒那麼篤定了。整筆帳算下來，拿小商店跟那種沒人性的大型資本公司比一比，長期而言，其實算還不錯的選擇。雖說，他

* 譯注：某種經濟活動效益溢出，讓其他經濟主體獲利。

們還夠不上傑佛遜民主理想的期待——自信、獨立，擁有土地的自耕農，但至少比沃爾瑪（Wall-Mart）、家得寶（Home Depot）的店員，要接近些。

最後一件事實也值得一提。在人類發明的各種經濟體系中，最接近平等與生產工具普遍擁有制的，首推由自耕農、小店家主導的社會。

# 五、為了政治

# 碎片二十二 辯與質：對抗品質的量化

路易莎跟她的弟弟聊天，對話卻被人偷聽。她說，「湯姆，我覺得很怪。」——偷聽的人是格萊恩先生。他從隱身的地方走出來說，「路易莎，永遠不要覺得奇怪。」

那種機械工藝教育、只開發理性的源頭，不肯降尊紆貴涵養情緒與感性的線索，就藏在這裡。不要覺得奇怪。透過加減乘除，什麼事情都可以處理妥當，永遠不要覺得奇怪。

——查爾斯．狄更斯，《艱難時世》（*Hard Times*）

私營企業的活力來自於出人意表的簡單。……完美符合現代化的浪潮，迎向全然的「量」化，犧牲「質」的差異性；私營企業並不在乎它生產什麼，只在乎能從產品裡得到什麼。

——舒馬赫，《小就是美》（*Small Is Beautiful*）

> 米雅・康（Mia Kang）瞪著桌上的考試卷。
>
> 練習考罷了。老師稱之為「實戰測試」，讓他們感受一下德州知識技能會考究竟是怎麼一回事。
>
> 米雅是麥克阿瑟高中一年級的新生。她並沒有把答案卷上的「泡泡」塗黑，討好老師；反倒在上面，寫了一篇短文，挑戰標準化的考試以及用分數評斷學生跟學校等級的做法。
>
> 「我在短文中寫道：標準化的考試是傷害而不是幫助學校跟學生。」米雅說，表情、行動都不像一個十四歲的孩子。「我不想參與任何我徹底反對的活動。」
>
> 「考試不是評量孩子需要知道的知識，而是評量容易評量的內容。」她說。「我們應該學習概念與技能，而不是死背。否則，不只孩子可憐，老師也很可憐。」

二〇〇一年通過《一個孩子不能少法案》（*No Child Left Behind Act*）*，有關教學、考試的規定落實到課堂之後，引發學生前仆後繼的抗議，米雅・康率先起義，後續效應難以小覷。麻州丹佛高中五十八名學生連署請願，反對「麻州評估系統會考」；但學校規定，拒絕參加會考，將

---

* 譯注：法案規定三年級以上的學生要定期接受州政府舉辦的會考。

招致停學處分。其他高中的學生加入聲援的行列。被稱為「反對分子」的運動，此起彼落，遍及全國：大批密西根州的學生拒考「密西根教育評估會考」。威斯康辛州高中的「出口考試」（exit exam，相當於畢業考）激怒大批學生、家長，只好取消。還有一個例子是：痛恨校方強迫他們不斷舉行模擬考的老師，群起反彈，拒領校方發放的績優獎金。低年級的學生，也是考試不斷，家長看不下去，代表孩子發動示威。原來，家長雖然能理解確保孩子能及早識字、學習算術，但反對校方會讓孩子「反覆練習」（drill and kill），這種學習氣氛引發家長與孩子的同聲譴責。

絕大部分（儘管不是所有的）學生的不滿，是因為他們討厭「考試領導教學」的刻板方式。本來就不怎麼好玩的課堂學習，無聊程度衝上有史以來的新高。準備考試，不只是對學生，甚至對老師也一樣，是一種驅趕、疏離的過程，好些可以分配給其他學習內容——藝術、戲劇、歷史、運動、外國語、創意寫作、詩與田野調查——的時間遭到排擠。許多讓教育更加鮮活的目標，比方說：合作學習、多元文化課程、強化多元智能（multiple intelligence）、發現導向科學（discovery- oriented science）、問題導向學習（problem-based learning），從此不復存在。

學校正面臨退化成「單一產品」工廠的危機，專門製造能通過標準化考試的學生。考試的命題只能評量很窄的知識段落以及應考技巧。在這裡有必要再提醒讀者一次：現代化的教育體制，大約是跟最早期的紡織工廠同時誕生。勞工集中在一個屋頂下、出現時間紀律與任務分化等概念，以便監督與評估，目標是生產可靠、標準化的產品。當下教育強調區域或者全國性的標準考試，基礎奠立在公司管理的量化規範上，允許橫跨校際、老師、學生間的相互比較，區別表現強弱，給與相對應的回饋。

只是標準化考試——無論能不能測量出它們試圖測量的結果——廣受質疑。學生透過反覆的模擬與填鴨，提升表現，但是基礎知識與技能測不測得出來，卻大有疑問。研究結果顯示：這種考試經常低估女性、非裔美人以及非英文母語的學生。尤其重要的是：這種考試驅動的教育，有非常高的風險，將「異化」疫苗注射進數以百萬計的年輕人裡，終身一併排斥學校學習。

看起來最喜歡把標準化考試，當作是管理生產力工具與比較量尺的人，就是離教室原爆點（ground zero）最遠的那群：學校的高階行政人員、市政府與州政府官員、州長與教育部決策人員，給他們一組比較生產力、厲行獎懲制度的數字（不管多不牢靠），便可理直氣壯的強推他們的教學計畫。很有意思的一個現象是：就在美國致力推動教育體系一致化的同時，世界上絕大多數國家，其實是朝相反的方向移動。舉個例子，芬蘭，就不舉行任何外部考試、評鑑學校排名，但在國際成就評量上，卻是屢創佳績。許多高品質的學院、大學不要求，甚至也不鼓勵申請者參加學術能力測驗（Scholastic Achievement Test，一度還被稱為學術資質〔*Aptitude*〕測驗）。長期以來，由單一國家考試決定珍貴大學名額分發的國家，近年來，為了強化學生「創意」，就算廢除不了單一考試，也都盡可能降低其重要性。而他們還以為他們在仿效美國！

知道自己與任教學校的命運，完全繫於年度考試結果，好些教育者不但硬著心腸，強迫學生反覆模擬練習，甚至不惜作弊，博取好成績。美國各地先後爆發了偽造成績的醜聞。最近揭發的一起在喬治亞州亞特蘭大，五十六所被調查的學校中，有五十四所學校，涉嫌竄改學生考卷，換上正確答案。[1]某位督學因為提升學區分數績效卓越，獲選為二〇〇九年最佳督學，事後卻發現她祭出恫嚇手段，威脅老師，三年時間達不到要求，就會遭到開除。超過一百八十名教育者暗地改動分數。就像跟安隆（Enron）集團「房間裡最聰明的人」*，總能找到方法達到季度目標、獲取巨額紅利一樣，亞特蘭大教育者也想得出花招，達到規定目標，只是方法並非外界預期，造成的風險較安隆事件低，附帶損害（collateral damage）卻一樣嚴重，「上有政策，下有對策」的邏輯，兩者基本上並無差別。

## 碎片二十三　如果……呢?稽核社會狂想曲

要不要跟我一起，做個小小的白日夢?時間是二〇二〇年。理查・列文（Richard Levin），前耶魯大學校長，在結束悠長卓越的教職榮退之後，宣布「二〇二〇完美視界年」：所有建築物都重新建過，閃亮耀眼，學生比起二〇一〇年更加成熟、更有成就，也更團結。現已合併的《美國新聞與世界報導》（*U.S. News & World Report*）與《消費者報導》（*Consumer Reports*），經過全面性的評比，耶魯排名第一：因為這所學校坐擁最佳旅館、豪華汽車與先進割草機。嗯，應該說是幾近全面。只有在師資項目，各種重要評量指標，悉數下滑。競爭對手看著這間名校，搖搖頭。有心人如果能讀出耶魯董事會聲明的言外之意，不難在平靜的字裡行間，發現逐漸升高，但尚稱節制的驚慌。

有個徵兆，可以看出董事會的憂心忡忡。列文的繼任者，是前國務卿康朵麗莎・萊斯（Condoleezza Rice）女士，先前在福特基金會，引進企業化精神，精簡人事，強化效率，成績斐

---

* 譯注：二〇〇五年紀錄片《安隆風暴》，回顧安隆商業醜聞，原片名直譯即為「安隆：房間裡最聰明的人」（*Enron: The Smartest Guys in the Room*）。

然。沒錯，她是第一位領導哈佛的非白人女性。事實上，已經有四所長春藤盟校聘用非白人女性出任校長。這也沒什麼好奇怪的，耶魯一直信守新英格蘭農夫法則：「不要率先嘗試新事物，但也不要落到最後一個。」

在另外一方面，萊斯雀屏中選並不是因為她的象徵意義，而是她承諾的具體改造手段：使用最先進的品質管理手段，徹底重組師資陣容。這組手段草創於十九世紀的巴黎高等專業學院（Grande École），體現於羅伯特．麥克納馬拉（Robert McNamara）在福特汽車推動的流程革命，一九六〇年代被他帶進國防部；一九八〇年代，瑪格麗特．柴契爾（Margaret Thatcher）針對社會政策、高等教育推動的行政革命，也是源於同樣的理念；接著，工業管理界中不同的個人與單位，各抒機杼，發展出無數的生產性標準，最後由世界銀行集其大成，調整得近似完美。在高等教育的領域裡，則是由十大聯盟（Big Ten）*披荊斬棘，率先引進，過了好一陣子，幾乎都要落伍了，才為長春藤盟校借用。

耶魯董事會內部的可靠消息透露，萊斯博士在應徵工作的時候，鼓起如簧之舌，迷惑面試考官。她說，她很欽佩耶魯極力想要保存（政治上的）封建主義與（財務管理上）資本主義的努力，完全符合她擘畫的改革藍圖——跟耶魯教職員管理的悠長傳統——也就是遠近馳名的「參與式獨裁」（participatory autocracy），在精神上，如出一轍。

但真正說服董事會的是她增進師資品質——更精確一點的說，其實是如何提振全國排名——的大型計畫，讓主事者深信，萊斯就是他們期盼已久的救世主。

萊斯痛斥耶魯教職員雇用、晉升乃至於取得終身教職的實際做法，保守落伍，過於主觀、沿用中世紀積習，缺乏體系、反覆無常，卻又蠻橫專斷。垂垂老矣——多半是白人男性——的學術官僚，平均年齡八十上下，墨守成規，刻意維護既得利益。萊斯批評說，就是這些人要為耶魯競爭力的流失負責。一方面新進教員不斷遭到壓榨、驅策，卻不知道系上大老的品味跟側重何在，無從掌握晉升與成功的標準，終日惶惶不安；另一方面，老人統治的寡頭壟斷，沾沾自喜，缺乏生產力，罔顧學術機構的長期利益。

消息來源指出，扣掉花言巧語，她的計畫其實很簡單，建議採用品質評估的科學手段。這種作法在各大學中經常運用，算不上新鮮事；但她要突破陳規，首次真正將人事流程透明化，全面採用《藝術與人文引文索引》（*Arts and Humanities Citation Index, A&HCI*）、《社會科學引文索

---

* 譯注：以美國東北部大型院校為主的運動聯盟。

引》（*Social Science Citation Index, SSCI*）以及兩者的祖師爺，《科學引文索引》（*Science Citation Index, SCI*），作為升遷與評鑑的依據。說實在話，在不同的領域裡，計算學術論文被他人徵引的次數，作為升遷考評的參考，早已行之有年；但是萊斯校長要建立的是更有系統、更全面的客觀評估機制。徵引指數，她強調，就像是點票機器，不偏不倚，全面甩脫自覺或者不自覺的偏見，代表了不沾染個人利益的學術成就判斷，也是升遷與取得終身教職的唯一標準。如果她成功推翻終身教職制度，無法符合「年度引用規範」（annual citation norms, ACN）要求的終身職教授，便可以自動解雇，預防昏聵、懶惰的老師，尸位素餐。

為了符合強調透明、全面公開揭露與客觀的新自由主義作風，萊斯校長師法羅伯特．歐文（**Robert Owen**）在紐拉奈克（**New Lanark**）的工廠管理發明*，引進現代化高科技的學術版本。所有教職員都必須要戴上數位針織毛帽。一旦設計出來——使用耶魯獨特的藍白色系——同時找到人道的生產商（不能出自血汗工廠、不能雇用童工），那麼，全體教職員進入校園，就必須按照規定戴上。毛帽正面，額頭的位置，嵌進一小塊數位螢幕，有點像是計程車的計費表，即時統計這個老師的論文引用次數。一個全自動化的論文引用統計中心會去清算最新的引用次數，透過衛星傳送，張貼在毛帽的數據螢幕上。紐約時代廣場曾經出現過世界人口的即時統計，把那幅景象想成縮小版就成了，姑且讓我們稱之為「數位保證引用總數公共紀錄」（Public Record of Digitally Underwritten Citation Totals, PRODUCT。簡稱非常好記，產品）。萊斯勾勒出一幅全新的視野：學生肯定會非常興奮的感受到前所未有的學習悸動：一位卓越出眾的名教授，在講課的時候，毛帽上的小螢幕不斷閃動，在學生面前展現最新的學術成就，引用數字不斷攀升。同時，在相去不遠的教室裡，眼前的這位教授，毛帽螢幕顯示引用次數為零，自己越講越不好意思，學生也跟著坐立難安。學生的成績單上也會顯示，他們教授的論文引用次數總和，大可跟其他研究所或者專業學校的競爭對手比一比，別校教授的論文引用次數又是多少？耶魯的學生是不是跟最聰明、最有成就的老師學習？

學生不再靠朋友間的口耳相傳、道聽途說，也不需要輕信充滿偏見的評論。數字化的教授「品質評級」就在額頭上，可以親眼見證、自行判斷。資淺的教師也不用害怕系上大老的陰陽怪氣，現在有了無可爭辯的單一標準，就跟打擊率一樣，學術品質如何，一目了然，發展的方向因

---

＊編注：羅伯特．歐文為著名的烏托邦社會主義者，曾在工廠實驗使用黑、藍、黃、白四色，做為直觀的評價體系，讓工人能彼此督促。

此更加明確。對萊斯校長來說，這套系統終於解決了傳統弊病，可以大刀闊斧展開院系改革，清除學閥講究師承、黨同伐異、壁壘分明的偏私，讓一攤死水的研究氛圍，再度活絡起來。晉升進用委員會也採行同樣的學術標準，可計算、透明度高，不摻雜個人偏見。

真是簡單明快！傑出教職員（當然是根據新標準選拔出來的）組成藍絲帶小組，分成幾個領域，計算引用次數，分別處理續約、晉升副教授、晉升終身教授以及取得終身教職後的學術表現評鑑。在毛帽科技臻至完美之後，過程可望徹底自動化。想像一位研究屢被引用、在專業領域中另闢蹊徑的政治學教授，哈維．寫很多教授，站在校園裡的大教室講台，侃侃而談。突然間，在亞利桑那州某個沒沒無聞的學者，引用他在《最新深奧研究期刊》中的某篇文章，機緣湊巧，這次引用讓他衝上新高，額前的毛帽小螢幕，立刻閃出白藍相間的好消息，隨後奏起耶魯校歌。學生這才明白發生了什麼事情，起立鼓掌，恭賀教授榮升。他微微躬身，面對眼前的騷動，有些不安，卻難掩得意，隨後持續講課——但現在他可是終身職的正教授了。坐在伍德布里奇廳（Woodbridge Hall）的萊斯校長，辦公室桌前儀表板顯示訊息，「哈維成功了」，累積點數足以躋身「魔力圈」。萊斯校長隨後發出廣播道賀，聲音、簡訊，送到毛帽中的接收系統。一頂新的「傑出終身毛帽」與證書隨後送達。

董事會成員頓時了解，這套自動化系統省卻多少時間與紛爭，還能協助耶魯重回師資競賽的優勢地位，打鐵趁熱，立刻展開修正，希望這套做法更臻完美。有人建議，應該考慮時間因素，引文價值逐年遞減，每過一年，貶值八分之一。八年前引用的價值歸零，目的是要求教師緊跟專業領域的拓展，一起與時俱進。某位成員有些遲疑的建議，為了維繫政策的一致性，延聘的最低標準是不是也該擴及先前取得終身教職的老師？她的腦海裡浮現一個彎腰駝背的老教授，論文引用貶值到慘不忍睹的程度，坐在研究生教室裡，景象淒涼，難以正視。也有人建議說，在這樣的情況下，毛帽上的螢幕就設定為關機，只是教授自知底細，大家還是可以想像，他在課堂上迴避學生眼神的窘態。

我嘲謔在校園中以量化指標評斷生產力的狂想曲，雖說是用來呼應前文要旨，卻也有更大的目的。我想強調的是：民主，特別是美國這樣的大規模民主國家，在精英選拔跟公共資金分配上，偏愛量尺標準，特別喜歡發展無私、客觀、機械的品質評量：《社會科學引文索引》、學術資質測驗（後改名為學術評估〔Assessment〕測驗，最近又改名為學術推理〔Reasoning〕測驗）、成本效益分析——形式五花八門，邏輯基本一致。為什麼？答案很簡單，最重要的社會抉擇，鮮少能跟以下兩者相提並論：就個人與家庭而言，是透過教育與就業，重新調整發展機會；

而在社區、地方，就是爭取公共預算，投入地方公共建設。量尺的誘人之處就是把質化的評量標準轉為量化，可以用看似明顯、單一、不牽涉個人的角度，進行跨個案比較。更重要的是：這些測量指標還是一部巨大的「反政治」（antipolitics）機器，將合理的政治問題，誤導成中立、客觀的行政習題，轉交由專家操縱。這種去政治的戲法，完全不相信相互學習的可能性，而這正是無政府主義者與民主主義者最珍視的優點。但在我們直搗黃龍，討論「政治」前，請先容我贅述兩個重挫量化及其衍生技巧的反對意見。

## 碎片二十四　無效與無可避免的腐化

首先，這種測量方式最明顯的問題就是：它們經常測不出個所以然來；也就是說，我們覺得大可斟酌的特性，量尺多半也束手無策，沒有任何精準度可言。

《科學引文索引》創立於一九六三年，是所有引文索引的開山鼻祖，也是尤金．加菲爾德（Eugene Garfield）的心血結晶，目的是評估、測量，比方說某篇研究論文發表之後，對科學界造成多大的影響？有哪些學者、實驗室曾經引用過論文的研究發現、被同行徵引的頻率又是如何。

有什麼不好呢？至少比同行間的口碑、推崇、暗藏在體制階層中的潛在原則，「官大學問大」，或者只考慮研究者的生產數量，要來得好吧？半數以上的科學刊物發表之後，船過水無痕，沒人引用，一次都沒有！百分之八十被引用過一次。《科學引文索引》好歹算是一個中立、精確、透明、不受利益羈絆的客觀標準，方便評估學者對於後進的影響。功德無量！確實是如此，至少在創立之際，跟它想取代的特權結構、學術山頭一比，的確是信用卓著。

《科學引文索引》大獲好評的原因之一，是它在行銷上著力甚深。千萬別忘了，它是營利事業旗下的產品！問世之後，很快就滲透進每個角落，用來評定終身教職、學者與學術單位等級、科技分析與政府研究的表現之外，還用來宣傳期刊的權威性。很快的，《社會科學引文索引》繼之而起，《藝術與人文引文索引》又能甘心落後多久？

《科學引文索引》究竟在測量什麼呢？首先要注意的是：它的測量方法類似電腦，並沒有動什麼腦筋，純粹是資料蒐集。自己引用自己的研究成果也算。學術界本來就有好些人顧影自憐，現在又加上了自我引用（auto-eroticism）。負面批評也一併列入，「X教授的研究是我有生以來，前所未見的爛東西」，X教授得一分！梅．蕙絲（Mae West）說得好，「沒有什麼負面宣傳，把我的名字拼對就行！」相對於期刊，專著的引用的情況，就沒有詳細調查。更嚴重的是：

引用研究成果寫出來的文章，完全沒人讀過呢？這種案例不常見嗎？在編列索引的操作實務上，還有明顯的地域主義（provincialism）：畢竟索引中絕大多數是英文，照理來說，適用範圍也應該局限在英美兩國。加菲爾德一度宣稱，就是因為法國科學界不願意把英文視為一種科學語言，所以才會有這樣濃厚的地域主義。在社會科學界，荒謬更是顯而易見，你的著作透過翻譯，可能觸及成千上萬的中國、巴西、印尼學者，但除非你的讀者在英文期刊，或者極其少數被納入索引「魔力圈」的外文期刊上引用你的研究，否則，無助於你的《社會科學引文索引》成績。

還有一件事情也需要注意。索引本質上是統計，研究領域最好選擇人來人往的熱門課題，簡單來說，就是主流研究，或者孔恩（Thomas Kuhn）所謂的「常規科學」（normal science）。最後要提醒讀者的是：《社會科學引文索引》中那種「客觀化的主觀性」（objectified subjectivity）充分展現《索引》只著眼於當下的短視。如果今天最熱門的探討主題，三年後，發現根本是庸人自擾怎麼辦？今天的流行搭配隨之產生的統計高潮，盡管可讓運氣好的研究者，進入安全港灣，就算日後證明論點是錯的，為時已晚。應該沒有必要繼續數落《社會科學引文索引》的不是了吧？前述的質疑只是用以顯現：這種測量手段與它們原先試圖測量的潛在品質，無可避免有多大的落差。

讓人遺憾的事實是：改革或者強化指數建構程序，應該可以修正許多缺點；實際上，測量體系越抽象、計算越簡單、使用越容易，費用越低廉，就越受歡迎。引用統計標準狀似客觀，其實是在底層夾帶一長串會計慣例（accounting conventions）跟著走私進來，實質上是政治運作，可能引發嚴重後果。

我老是拿《社會科學引文索引》開玩笑，出言可能有些輕佻。其實，我的批評適用於**任何**墨守量化標準的測量手段。耶魯部分科系的終身教職晉升標準中，有個看起來還算合理的要求，「兩本著作」。但我要問：有多少學者單憑一本書激發出的學術能量，超過東拼西湊，只求數量驚人的「多產」學者？這種等量齊觀的做法，被稱為「捲尺」（tape measure），除了告訴我們維梅爾（Jan Vermeer）的室內畫與一坨牛屎，都是二十吋寬之外，其他一無「似」處。

第二個致命的弱點是：就算測量方式在剛發明的時候有效，但隨後引發一連串的因應對策，卻會嚴重削弱效力。讓我們把這個全盤否決測量工具有效性的過程，稱之為「測量指標殖民行為」。有人告訴我，某幾個「學術圈」裡的學者會定期相互引用，拉抬彼此的引文數量！這是赤裸裸的勾結，也是學術界中，最惡劣的行徑之一。在知道《引文索引》可以造就也可以毀滅一個人的學術生涯之後，學術行為受其衝擊，顯而易見。舉例來說，使用主流研究方法、加入熱門的次領域、選擇特定期刊的光環、引用學術領袖的經典名言，都會產生巨大的磁吸效應，在有利可圖的情況下，自然人人依樣葫蘆。這不必然是粗糙的馬基維利算計；相反的，我在這裡指的是身處「邊緣」的壓力，督促自己「精打細算」，長此以往，轉化為選擇壓力。從達爾文的角度來看：能夠達到甚至超過稽核額度的人，有較佳的存活機會。

《引文索引》不僅是一種觀察指標，還是一種能在世界上繁殖「自身觀察指標」的力量。社會理論學家極難擺脫殖民效應的籠罩，借用古德哈特定律（Goodhart's Law）的說法，可一語道破眼前的景象，「當手段變為目標，就不再是好手段。」[2]馬修・萊特（Matthew Light）進一步詮釋：「當局意圖使用量化標準去測定某種成果，最終總能達標，但方式卻大出當局意料之外。」

舉個歷史上的例子，來澄清我的意思。法國絕對君主時代，官員根據人民住處的面積來徵稅，想出一個很妙的點子：計算每棟建築物的門、戶數量。剛開始操作的時候，門戶數量的確能夠反映實際面積；但延續兩百年，人民嘴裡的「門戶稅」迫使他們在改建或是新建住處的時候，刻意縮減開窗、開門的數目，藉以避稅。你可以想像幾個世代躲在通風不良的「避稅庇護所」（tax shelter）*裡，會有多悶吧？這就是一個有效測量手段轉為無效的具體事證。

削足適履的政策，不僅限於門窗或者大革命前的法國。事實上，這種稽核與品管制度，依舊主導著全世界的教育體系。在美國，SAT測驗†代表的量化手段，用一種狀似客觀的標準，分配高等教育機會。在好多國家裡，我們都可以輕易發現「考試地獄」，主宰大學窄門以及日後的發展機會。

這麼說好了，SAT測驗不僅是搖動狗身體的尾巴；還重新塑造了狗的品種、胃口、周遭的環境，甚至還改變了關心牠與餵養牠的主人。這就是「殖民化」的明顯案例。強力的量化觀察指標再次創造社會學的海森堡原則（Heisenberg Principle），評等的手段徹底改變觀察的領域。「量化科技一體適用，」波特（Theodore Porter）提醒我們，「只要他們能按照自己的形象，重塑他們意圖描繪的世界。」[3]我們也可以跟隨流行，照著說，SAT測驗根據自己單調的配色重塑了教育；它想要觀察的對象，絕大部分是它自己召喚出的想像。

標準化測量智性品質的欲望以及根據成績分配獎勵給學生、老師、學校的制度，產生出乖僻的殖民效果。一個產值以百萬美元計的產業市場，就此興起，靠填鴨課程、模擬練習強化學生考試表現；儘管命題單位宣稱，他們根本無懼於這種臨時抱佛腳的手段。史丹利・柯普蘭（Stanley

---

* 譯注：這個詞至今依舊存在，更廣泛引申為「避稅手段」的意思。

† 編注：「學術水準測驗考試」，申請美國各大學的重要入學測驗之一。

Kaplan）的補習班帝國就是箇中翹楚，經營預備課程與參考書製作，承諾考生，參加大學、法學院、醫學院入學考試，成績保證突飛猛進。這種一考定終身的稽核制度，兜一圈轉回來殖民教育的生活世界，測量手段也取代了它想要測量的品質。接下來上演的場景，活像武器競賽：出題者絞盡腦汁，想擊潰補習班業者。到頭來，測量手段卻腐化了預期中的實質內涵。長春藤申請入選者的「輪廓」（profile）一旦被勾勒出來，「上有政策，下有對策」的遊戲就會登場。有錢的父母雇用升學顧問，請他們緊盯著長春藤變動中的錄取標準。假設課外活動能加分，那就趕緊找個地方去當志工。原本立意良善的標準，轉成某種品質的判斷依據，自然而然的被急於讓孩子「搶占先機」的父母，視為一種策略。受到稽核干擾的行為，如何評估箇中意義與真實性呢？

用量化方式評估員工表現，不沾染個人偏見、公正客觀的管理原則，被「超能小子」（whiz boy）羅伯特．麥克納馬拉從福特公司，帶進五角大廈，用來評估中南半島戰爭。這是一場始終沒有劃出清晰界線的苦戰，要如何評估進展？麥克納馬拉告訴魏摩蘭將軍（General William Westmoreland）：「將軍，給我一張圖表，告訴我越戰輸贏的未來走勢。」結果他至少得到兩張圖表：其中一張，就是惡名昭彰的損耗指數，測量方式是累計敵軍戰鬥過後，遺留下來的「屍體數字」。承受沉重壓力的美國軍方，意圖展現戰果，深知數字攸關升遷、贈勳，乃至於休假與整補，千方百計浮報，刻意泯除平民與軍人的差別，所有屍體都被認定是敵方的軍事人員。很快的，數字就超過越共與北越民兵的人數總和。就數字來看，戰場上的敵人，不早就被打得潰不成軍了？

第二個指標是衡量民眾同情程度，採行的「贏得民心，說服大眾」（**Win Hearts and Minds, WHAM**，縮寫為**轟！**）指標，核心概念是「村落評估系統」。美軍將南越一萬兩千個村莊區分為「平和」、「存疑」與「敵意」。求表現的壓力在這當口，再度壞事。日後發現美軍的搞鬼手法包括：捏造數字，在報告上謊稱組織「自衛民兵」，行徑之囂張，足以讓凱薩琳女皇（Tsarina Catherine）的內寵格里戈里·波坦金（Grigory Potemkin）*自嘆弗如；或者在統計上，故意忽略破壞行動，美化帳面。赤裸裸的造假，雖說並不罕見，但是，一般人更能理解的行事傾向，是善用有利的評估要件，順著升遷獎勵標準的方向，在模糊地帶大做文章。慢慢的，各種數字顯示：越南鄉間受到安撫，漸趨平靜。

麥克納馬拉建立了惡魔般的審計系統，製造出某種假象——也就是他所謂的「指揮表現」

* 譯注：此君除了打造黑海艦隊之外，其他名垂青史的舉措，還包括粉刷女皇視察沿線的牆面，讓凱薩琳誤以為當地民生富饒，堪稱十八世紀最著名的「面子工程」。

（command performance）——情勢狀似大幅好轉；卻就此阻斷更廣泛對話的契機，抹煞在真實情況下，取得進展的可能性。他們或許應該聽聽真正科學家的肺腑之言。愛因斯坦說，「不是算數的事物都可以計算；也不是所有可以計算的事物都算數。」

這種趨勢的最新案例，就是美國投資人印象深刻，提起來卻痛心疾首的安隆公司舞弊案。一九六〇年代，商學院滿腦子思考的都是「約束」公司經理人，防範他們操控公司擁有者（亦即股東）的利益，牟取一己之私。解決方案就是將高級經理人的報酬跟企業表現綁在一起，衡量標準是股東利益（亦即股價）。他們的股票選擇權，經常是根據股價，每季清算。高階主管很快就想出辦法，跟會計師、審計師勾結，偽造帳目，以便達到每季的股價目標，取得紅利。為了要哄抬公司股價，他們故意在利潤上灌水，隱藏損失，把股價維持在高檔。目的是讓高階經理人的表現，完全透明，用股票選擇權代替薪水，獎勵其辛勤與專業的計畫，慘遭逆襲。另外一個「下有對策」的案例，是將房屋抵押捆綁成複雜的金融工具，結果卻引發二〇〇八年全球性的金融風暴。債券評級機構除了接受債券發行單位私底下打點的好處，還假借「透明」的名義，將評等計算公式，洩漏給投資公司參考。熟知對方運作程序，或者乾脆雇用評級人員，套用評級機構的公式，逆向生產（reverse-engineer）最高等級（AAA）的債券，作為財務工具，風險自然奇高無比。再一次，稽核制度大獲成功，但病人卻被整得奄奄一息。

## 碎片二十五　民主、能力與政治的終結

以量化手段測量質化目標，大行其道的原因，我相信，至少來自如下的兩個源頭：反對與生俱來的特權、財富與頭銜，堅持機會均等的民主化信念以及現代主義者篤信不疑的原則——科學測量得出優勢所在。

現代主義者相信：絕大多數的社會問題，都可以運用科學法則與量化手段，消弭無謂的爭辯，讓「事實」展現在外界面前。這種看世情的鏡片，內建一組根深柢固的政治議程（agenda）——事實（通常就是數字）不需要詮釋。靠事實說理，就可以減少耽擱正經事的口舌之爭與意氣偏見，泯除積習，避免誇張與公眾生活中常見的情緒。冷靜的量化評估，擁有臨床診斷效果，爭議迎刃而解。情緒與利益由中立的、技術性的判斷取代。科學的現代主義者試圖減少主觀的扭曲與黨派之私，以達到羅倫・達斯頓（Lorraine Daston）所謂的「無觀點的客觀性」（a-perspectival objectivity），不從任何出發點的視角看世界。[4]跟這種觀點最相容的政治秩序，就是受過科

技教育的專家，運用科學知識，規範人類事務。這番抱負也被稱為「文明化計畫」（civilizing project）。二十世紀美國早期的改革主義者、理性進步主義者，以及，很怪異的，還有列寧，全都深信客觀的科學知識可以讓「管理眾人之事」取代大部分的政治。他們傳播效率、技術訓練與工程解決的福音，預告未來將由理性、專業、受過扎實訓練的管理精英來統治。

精英領導體制（meritocracy）於是成為民主與科學現代主義的好旅伴。[5]統治階層不再專屬於機緣湊巧誕生在貴族世家、繼承大筆財富或者優勢地位的天之驕子。憑藉著技能、智慧與行政能力的出類拔萃，得以拔擢為統治者，取得合法的統治基礎。（我在這裡暫停一下，掌權者其他的必要特質，像是同情心、智慧、勇氣、豐富的經驗，卻完全沒列進測量標準中。）儘管絕大多數受過教育的公眾都認為，不管採用哪種標準，智力都是一種可以測量的品質。絕大多數人的假設是：智力，就算不是隨機分布，也比財富或地位來得均衡些。人類有史以來頭一遭，用可測量的能力來分配地位與發展契機，為民主注入全新的氣息。根據這種想法打造出的社會，呼應拿破崙的名言「前程為有能者而展開」，遠比一個世紀前的法國，更有利於專業中產階級的崛起。

可以測量的精英領導制，在概念上具有民主價值，還展現於另外一個層面：以往被專業階級壟斷的自由裁量權（discretionary power）就此遭到嚴重削弱。歷史上的專業多半在職業行會（trade guilds）內運作，設定標準、死守業務機密，絕不容忍外界檢視、推翻它們的判斷。律師、醫生、會計師、工程師與教授，之所以有受雇機會，就是因為他們的專業判斷——問題在於判斷並不透明又難以直接言喻。

## 碎片二十六　捍衛政治

工人革命運動即便犯下難以估量的大錯，也比任何政黨毫無瑕疵的政策，成果更加豐碩，更有價值。

——羅莎・盧森堡

靠量化評定能力、以「客觀的」數字稽核體系測量品質的做法，將原本生氣蓬勃的民主辯論，束之高閣，決策權轉交到狀似中立的專家手中，造成嚴重的傷害。重大決策動輒影響數百萬人民與諸多社區的未來發展，為其披上「去政治化」的假象，等於是剝奪合情合理隸屬於此的公共領域。無政府主義思想家與反對煽動的平民主義者（nondemagogic populists）一致相信：民主社會公民在公共領域彼此學習、共同成長，是難能可貴的能力。我們曾經問過：在辦公室與工廠，靠固定工作流程討生活，會產生出怎樣的人？而現在，我們也想知道，政治歷程會不會擴大人民的知識與能力？從這個觀點來看，無政府主義者深信無須階層的相互性、推崇尋常公民透過參與習得的能力，自然會對民主辯論胎死腹中深感遺憾。《社會科學引文索引》、SAT測驗與如今到處都派得上用場的成本效益分析，在在可見非政治機器運作的痕跡。

《社會科學引文索引》中的反政治性，用偽科學的計算方式，取代有關「質」的健康辯論。每個專業領域裡的政治——展現真正價值的政治——正是有關於價值標準與知識的辯論。我並不會刻意美化這種典型的「質的對話」。利益跟權力在其中就不運作了嗎？最好是！它們無所不在。但是，有關於「質」的討論、永遠願意接納新意見，不輕下斷語的討論，具有無可替代的重要性。在意見較勁、課堂、圓桌會議、辯論中以及有關課程設計、雇用、升遷的決策中，專業領域的命脈與特性才得以確立。想盡辦法，例如：切割出許多半自律（quasi-autonomous）的次領域，將學科巴爾幹化（Balkanization）、墨守刻板的量化標準，或者精心製作平衡計分卡（scorecards），試圖斬斷對話，都只是強化定於一尊的權威，或者鞏固分贓體系罷了。

ＳＡＴ測驗系統在過去半個世紀以來，開啟也關閉了成千上萬個考生可能的未來，打造出新的精英世代。絕無疑問，得利於ＳＡＴ測驗的精英，會倒過頭來推崇這套系統：夠公開、夠透明、夠公正，無論是精英還是尋常考生，都應該肯定這是相當好的國家競爭標準，足堪決定他們的未來。不論財富、不比出身，贏家自認他們的成績具有真正的價值。其實，ＳＡＴ測驗分數跟社經地位有強烈的正相關，再客觀的觀察家都不好說ＳＡＴ測驗真的是敞開大門，不偏不倚。跟先前的選拔方式相比，ＳＡＴ測驗的確是更公平合理，但也因此變得更好為它辯護，使得精英把優越成績純粹視為自身努力的結果。

同時，我們的政治生活卻日趨貧乏。ＳＡＴ測驗的屹立不搖，說服許多白人中產階級，所謂的積極矯正歧視措施（affirmative action）[*]就是非黑即白的選擇：一邊是客觀的數字評斷，另外一邊呢，則是偏袒特定階級的私相授受。公共對話的可能性就此關閉，在民主多元的社會中，究竟該用何種方式分配教育機會，再無討論空間。同樣的，我們的精英與個別學校，應該具備怎樣的品質，也苦無辯論機會，在目前的情況下，只得根據ＳＡＴ測驗坐井觀天的視野，設計相關課程。

---

* 譯注：在美國指的是為了泯除就業與升學的種族、膚色等各項歧視，所推動的相關法案與措施。

我們從公共政策領域，借個例子來說明，這種原本尚待釐清的假設，如何偷渡進絕大多數審計或者量化指數的結構裡。成本效益分析就是一個很鮮明的例子。這套方法最早由法國國立路橋學校（École nationale des ponts et chaussées）的工程師提出，如今風行於發展公署、計畫單位、美國陸軍工兵部隊（U.S. Army Corps of Engineers）等機構，尤其是世界銀行，幾乎所有計畫都靠「成本效益分析」決定。「成本效益分析」是一組評估手段，用來計算特定計畫（道路、橋樑、水壩、港口）的回報率。所有的成本與回報都要折算成現金，用統一的單位去評量。有些成本，比方說：魚類因而絕種、美景就此不再，工作機會與新鮮空氣消失，就要進到計算公式裡，換算成美元來呈現。這種換算的假設勢必要非常大膽才成。「美景不再」的金額，一般使用「影子定價」來計算：詢問每位居民願意付多少稅，來保住眼前的美景？總額就是「美景不再」的價格！如果漁夫打的魚，因為興建水庫而滅絕，那麼他們的銷售金額就是價值。但打上岸的魚賣不出去，在「影子定價」分析中，價值就是零。魚鷹、水獺、潛水鴨可就倒楣了，牠們的棲息地遭到斷送，並不能算在人類的帳上；能夠用金錢衡量的損失，才能列進分析中。一個印地安部落拒絕接受賠償，堅稱，興建水壩導致祖先墳墓沉入水底，「是無價的犧牲，損失無法估計」，因為冒犯「成本效益分析」的原則，乾脆從算式中拉掉。

任何事物、所有的成本與收益一定要能夠同量化（commensurate），轉換成金錢，才能計算回報率：落日絕景、鱒魚、空氣品質、工作機會、休憩、水質，無一例外。在這套胡作非為的算式中，最嚴重的遺珠之憾也許就是**未來**的價值。問題來了，要怎麼計算未來的收益呢？比方說，水質逐步改善、工作機會漸次增加，要怎麼算錢？一般而言，未來收益**在當下與平均利率**的前提下被嚴重**低估**。在實務上，除非未來的發展潛力極其驚人，否則，五年後的收益就會被看成微不足道，可以略而不計。有關未來的政治決策明明攸關接下來的世代，在成本收益公式中，卻僅被視為**會計慣例**，一筆帶過。成本效益分析可不可能受人為操控，見仁見智，永遠說不清，但就算規規矩矩的執行，由於它在公共政策領域中，不留餘地的「去政治化」，還是造成了嚴重的傷害。

波特認為在美國採行這種稽核制度的主要原因是「欠缺對於政治官僚精英的信任」，而美國「倚賴法規限制官員判斷與裁量權的範圍，糾結之深，超過其他民主工業國家」。[6]這種不惜壓抑裁量權，追求全然客觀的稽核制度，代表了對於技術官僚及其天敵的過度神化。

每一種手段都試圖用透明、機械、清晰，一般是以數字呈現的評估方式，取代專業精英可疑而且獨斷的決策模式。但每一種稽核手段從頭到尾都自相矛盾，本身就是用來排除政治壓力：安撫嘈雜的公眾，滿足他們參與決策過程的欲望，告訴他們，這套手段清晰、透明，所以呢，在原則上，當然也是可以參與的。雖然成本效益分析就是用來回應公共政治壓力——這是一大矛盾——成敗關鍵卻在於它能不能展現「非政治」的表象——客觀、無關政黨利益、純粹的科學訴求。究其肌理，成本效益分析是徹頭徹尾的政治產物。它的政治性深藏在計算技巧裡：首先，該測量哪些指標、是不是根據「折現」與「同量」的會計原則、觀察指標如何換算成數字價值以及如何將數字價值運用在實際的決策過程中。稽核手段就是為了消弭圖利特定對象的偏見——這裡出現第二個矛盾——在程序與計算慣例的層次上，曖昧不明，一般人也無法參與，但虛晃這一招，卻成功的固守了原本的政治議程。

SAT測驗、成本效益分析，甚至智能商數，在政治運用上大行其道，測量結果看起來可靠、客觀、毫無疑問，就跟血壓、溫度、膽固醇數據以及紅血球數目沒什麼兩樣。數字絕對不沾染個人偏見，至於怎麼詮釋才對，那麼，當然是「醫生說了算」。

在決策過程中，飄忽不定的人的因素，看來是除去了。一旦測量手段扎好根基、政治操作各就各位，**確實**會限制住官員的裁量權。如果外界依舊指責他無法甩脫偏見，官員或許可以這樣辯護（確有部分實情）——我只是替這部去政治化的機器，「轉動手把」而已。這種去政治化的機器，內建開脫掩護，從旁圍事：比起標準化、精確度與公開性，決策是否有效，反而沒那麼重要。即便《社會科學引文索引》測不出學者的研究品質、ＳＡＴ測驗考不出學生智慧、無法預測未來在大學的表現，但是每個量尺都有公平的、精確的、公開的標準，透明的遊戲規則與目標。只要工具成功，自然而然的就修練出炫人耳目的煉金術，將爭奪資源、發展契機、爭取大型計畫利益與地位的劍拔弩張與高風險的廝殺，轉換成無關政治的技術決策，官員的中立性便無可質疑。決策的清晰、標準，而且還超前部署。這種技巧一出，裁量權與政治應聲消失；但在程序的底部，卻滿是自由裁量的選擇與政治性的假設，只是隱藏得很好，完全規避大眾審視的目光。

數字指數的運用，並不局限於國家、公共政策的各個環節，也不僅是當下的短暫現象。現今流行各種形式的「稽核社會」（audit society），很明顯的是跟大型公司崛起有關，股東亟需評估公司的生產力與營運結果。另外一個源頭是一九七〇與八〇年代盛行的新自由主義政治思維，最有名的例子就是柴契爾與雷根政府強調的公共行政機構「物有所值」（value for money）*，借用私人企業的管理科學，試圖給學校、醫院、警局、救火隊等各種公務部門，建立評分與「排行榜」制度。矛盾又出現了，設計這種制度的深層原因，就是回應民主化的需求，強化行政決策的

---

* 譯注：或譯為效益審計，指的是公正支出的效益最大化與績效最佳化。

政治控制。美國對於稽核與量化的迷戀程度，誇張得有些出格。沒有哪個國家跟美國一樣，教育、作戰、公共工程還有企業高階主管薪酬，無處不稽核、不量化。美國總喜歡把自我形象塑造成堅忍不拔的個人主義者，但其實，美國是世界上最講究標準化、最喜歡受監控的民族之一。

這種行政手段最嚴重的缺點，就是打著平等與民主的旗號，建造一部大規模的「反政治化機器」，橫掃各種領域，原本應該有的公共政策辯論空間，合情合理，卻被一併清除，主導權落入技術行政委員會之手。它們擋住去路，諸多深具潛力、啟發性的辯論，像是社會政策的制訂、智慧的真實意義、精英的選拔手段、公平多元的價值、經濟成長與發展的目的，就此難以為繼。簡單來說，這些手段只是技術與行政精英，用以說服起疑的群眾——同時將公眾排除在政策辯論之外——他們的決策不偏不倚、絕不動用自由心證的行政裁量，也沒有任何偏見，倚靠的全是透明的技術計算。這種說詞是現今新自由主義政治圈的正字標記，新古典經濟學的概念，換上科學計算與客觀性的外衣，取代另外一種推理模式。[7]只要你聽到有人說，「我密集投資（deeply invested）他／她」、動用的社會與人力「資本」，又或是提到人際關係的「機會成本」，你應該知道我在講什麼。

# 六、特殊性與流動性

歷史由博學之士寫就。他們自然而然、眾口一聲的認定，他們這個階級是人類所有活動的基礎。

——列夫．托爾斯泰，《戰爭與和平》

## 碎片二十七　傳售善意與同情

法國上羅亞爾省（Haute-Loire）小鎮，利尼翁河畔勒尚邦（Le Chambon-sur-Lignon）的英雄事蹟，早已珍藏在納粹反抗史中，留下讓人動容的一頁。鎮民在維琪政府統治期間，收容五千多名猶太人，其中還有好些小孩，提供吃住，伺機護送他們到安全地帶。沉默的勇氣，義薄雲天，完成這個不可能的救援任務，早就是書籍、電影描繪的熱門題材。

我想換個方式表述鎮民行為的**特殊性**。儘管這麼一來，或許會讓力抗反猶太主義（anti-Semitism）宗教大敘事，略顯失色；但同時，卻能讓我們對於人道主義的特殊性，有更深的了解。

不少勒尚邦鎮民信奉胡格諾派（Huguenot）*，牧師是社區中最具影響力的人物，意見最受尊重。胡格諾教徒有共同的集體記憶，從聖巴托羅繆日大屠殺（St. Bartholomew's Day Massacre）

以降，就是宗教迫害與不斷逃亡。在德國入侵法國之前，他們就明白表示同情，支持飽受法西斯蹂躪的犧牲者，還庇護好些逃避西班牙佛朗哥與義大利墨索里尼政權，流落至此的難民。他們深受教義影響，加上過去的歷史經驗，使得他們傾向同情難民，特別是猶太人，這個《聖經》民族。

預期猶太難民終將湧至，胡格諾牧師早就開始祕密動員，興建庇護所，儲存當地居民也急需的糧食。自由區（Free Zone）[†]廢止之後，兩名牧師遭到逮捕，送進集中營。在危急存亡之秋，兩位牧師夫人接下先生的工作，在社區裡，繼續幫猶太難民營建屋舍、儲存食物。她們懇請村民跟農民協助，問她們的鄰居說，時候到了，他們會不會伸出援手？答案讓人沮喪。一般而言，他們都非常同情難民，但實在不願意冒著身家性命的危險，收容難民，甚至拿點吃的給他們都不敢。鄰居都說，他們有責任先保護自己至親的家人，擔心接納猶太人會招惹蓋世太保上門，陷家庭於不測。相較於保護家庭的義務，救援猶太難民的同情心，顯得太過抽象，難跟血肉相連的家

---

* 譯注：喀爾文教派的一支，也有人稱之為法國新教，在政治上，反對君主專制。

† 譯注：維琪政府統治的法國南部。

人相比。牧師太太組織難民救援行動受挫，消沉絕望。

不管他們是否準備妥當，猶太難民終究是來了，尋求他們的協助。接下來發生的事情，對於了解社會行為（在這個案例裡，也是人道行為）的特殊性，至關重要，有助於我們的判斷。看到活生生的猶太人出現在她們面前，牧師夫人決定再試一次。舉個例子，她們試著找個身子單薄的猶太長者，在寒風中簌簌發抖，去到一個先前拒絕伸出援手的農戶，問他們說，「能不能給我朋友一點吃的？幾件暖和的衣服？告訴他怎麼到下一個村子？」有血有肉的難民上門，眼神或許滿是哀淒，盯著他看，實在很難不回心轉意。或者是一個婦人帶著小孩，來到農家門前打交道：「能不能給他們家一張毯子？一碗熱湯，在您的穀倉裡睡個一兩晚，然後再打發他們去瑞士邊界？」難民面對面的懇求，全家性命全繫在農家的援助上，幾乎沒有任何人不幫忙，儘管風險的程度並沒有改變。

只要這個農家展現出援助的姿態，一般而言，都會有始有終，好事做到底。換句話說，他們能夠認清現實——透過他們的行為脈絡——歸納出休戚與共的結論，轉而認為這是一件理所當為的事情；並不是先喊個原則，然後身體力行。他們行動在先，才從行動中找到邏輯。抽象原則是實際行動的孩子，而非父母。

與漢娜・鄂蘭的名言，「平庸的邪惡」針鋒相對，法藍斯瓦・羅切特（François Rochat）也提出一個說法，叫做「平庸的善良」。[1] 我想至少可以比較精確的稱之為「善良的特殊性」，或者引用《妥拉》（*Torah*）* 的說法，這是一個「心跟著手」的例子。

設身處地、心有戚戚的特殊性，就是新聞、詩以及慈善事業的操作假設。人們一般不會為了抽象的大原則：像是失業、饑荒、迫害，或是猶太，就會輕易認同，打開心扉與荷包。一幅刻畫入微、感人至深的繪畫、一張扣人心弦的照片、一個蝸居車裡的失業婦女、一個逃進森林的家庭，靠挖掘草根、塊莖果腹：這些景象可能真的會激起你對陌生人的同情。一個犧牲者的遭遇無法概括所有犧牲者的苦難；但一個犧牲者卻可以替整個受害族群代言。

就我經驗所及，將這個原則的能量，發揮到淋漓盡致，讓人深烙腦海的納粹大屠殺犧牲者場景，首推明斯特（Münster）市政廳，也就是一六四八年，簽定《西發里亞條約》（*Treaty of Westphalia*），結束三十年戰爭的地方。每一條街、每一個住址、每一個名字，**全部以及每一個**猶太家庭（總數是六千）都有專屬說明。一般是猶太家庭居住的房屋（聯軍轟炸德國的時候，

* 譯注：猶太教經典。

放過明斯特，絕大多數的建築至今猶存）、街名地址、有的時候會附上身分證、名片、全體家人（有的在野餐、有的是生日派對，還有很多就是在相館裡拍的全家福）或者個人的照片，有時附上幾句話，簡要交代他們的命運：「在貝爾根—貝爾森（Bergen-Belsen）集中營罹難」、「潛逃至法國轉往古巴」、「取道摩洛哥移民以色列」、「潛逃至波蘭烏茲（Lodz），命運未卜」。有少數幾個個案，連照片都沒找著，虛線的正方形，預留照片尋獲之後安放的位置。

最重要的一點是：這裡展示了明斯特市民的**城市記憶**。他們的視線可以從這條街道漫步到下一條街道，就像回到過去，發現自己，或者父母、祖父母的鄰居是猶太人，看到他們的住處、他們的臉龐——經常是歡樂時光的定格——洋溢著幸福的神采。這就是特殊性動人的力量所在，每個人的故事，日復一日，在平凡的字裡行間，流露出讓人畢生難忘的魅力。[2] 遠遠比到處可見的猶太人、同性戀（「這裡是同性戀集中送往集中營的街角。」）、殘障、吉普賽人（也就是所謂的羅姆人與辛提人〔**Roma and Sinti**〕）集體性的紀念標示，要來得更能打動人心。[3]

也許展覽中讓人驚豔的是創作歷程。這是數百位明斯特市民歷經十年的心血結晶，梳理紀錄、核實死亡資料、追蹤倖存者、致函給還能掌握下落的遺屬解釋他們策展的宏遠藍圖，詢問他們願不願意提供照片、寫張小紙條，讓他們的紀錄更加完整。很多人拒絕了，可以理解；但也有很多人，寄來一點什麼，有更多的人乾脆跑到明斯特親眼看看。展示的內容有自己的故事要傾吐，但是追尋家族歷史、探訪倖存者及後裔下落，寫封私信安慰不幸的昔日鄰居，過程穿越歷史的虛無與死亡，卻具有昇華的效果，或許無法全然淨化，至少表達了分享、正視歷史悲劇的意願。猶太人飽受欺凌的二戰期間，多數策展者根本還沒出生。但是你可以想像，蒐羅上千個生離死別的故事、追尋痛苦對話與回憶的過程，如何觸動一代又一代的明斯特居民。

## 碎片二十八　重新找回特殊性、流動性與偶發性

絕大多數歷史學家、社會科學家的工作是：摘要、編纂，然後「打包」重大的社會運動與歷史事件，化繁為簡，便於閱讀與理解。目標如此設定，加上他們試圖說明的事件，已然發生，也難怪歷史學家與社會科學家無法理解歷史主角經歷的混亂、流動、偶發事件的紛至沓來，更別提被他們一併納入觀察的歷史旁觀者。

事件以排列整齊的假象出現，有個極為明顯的理由，就是因為它們是「歷史」。事情經過再可疑，也得給個說法，卻因此模糊真正的事實——歷史參與者根本不知道接下來會發生什麼事

情，一點小的環境偏差，就可能導致不同結局。俗諺有云，「掉了根釘子，丟了個馬蹄鐵；掉了個馬蹄鐵，賠上一匹馬；少了一匹馬，騎士乾著急；騎士受困，傳不了急報；傳不到急報，王國滅亡。」

學者跟參與者不一樣，他們知道後來怎麼了，自然把後見之明，滲入歷史敘述中，也順道抹煞了事件演進中的偶發性。試想一個自殺的個案，他（或她）的親朋好友回顧過往的時候，是不是多多少少覺得死者生前的言行，曾經透露出尋短的線索？自殺非常可能是短暫的腦內化學物質失衡（chemical imbalance）、突然其來的驚慌，或者一時難以承擔的傷痛所導致，如果真是這樣，把死者的一生的經歷講成走向死亡的準備，則是完全誤解了自殺者的生命真相。

我們自然會傾向建立一個完整協調的敘事脈絡，解釋我們的行動與生命，就算這些行動跟生命本身無法用統一的脈絡去描述，或是以事後回想的秩序，強加解釋全然的偶發事件。尚．保羅．沙特（Jean Paul Sartre）舉了個假設性的例子：一個男人糾結在兩難之間，一邊是他有義務留在家裡，照顧生病的媽媽；一邊是他有職責投身前線，捍衛國家。（你也可以把這個痛苦的抉擇替換成留在工廠，或者加入罷工。）他下不了決心，但是得拿定主意的這一天，像是疾駛而至的火車，終究還是來了；儘管依舊猶豫，他卻**非得**做這個，或者做那個決定不可。我們假設他留在家裡好了，第二天，沙特寫道，他一定有辦法告訴自己以及其他人，他就是那種會留下來照顧媽媽的人。既然做了，就得想出一套說詞，說明他的行為。這並不是**解釋**他為什麼這樣做，而是事後回顧，合理化他的決定——編一套說得過去的講法——而且還得用「捨此無他」的角度去迴護。

同樣的道理也適用於開創歷史的重大偶發事件。在大多數的歷史書寫與一般人的想像中，不僅抹滅了偶發性，還隱約把肇因歸諸於歷史主角的意圖與自覺。其實，當局者迷，他們可能根本沒有那樣的想法。法國大革命完全籠罩住法國十八世紀的歷史，好像所有事件都勢不可擋，聯手催生一七八九年大革命的爆發。大革命並不是單一事件，而是過程。氣候、農糧歉收以及巴黎與凡爾賽周邊的地理與人口分布狀況，機緣湊巧累積出的推動力，要比啟蒙思想家潦潦草草的寫上幾筆，勾勒理念，影響來得更大。那些衝進巴士底獄，釋放囚犯，搶奪武器的群眾，可能根本不知道（而且也沒什麼意願）去推翻君主制度與貴族統治。當時的他們一定毫無概念，原來自己參加的就是震古鑠今的「法國大革命」啊。

一旦重大的歷史事件被編碼完成，就會以精練的符號形式，穿越時空。除非我們小心提防，必須謹記在心：運用虛妄的邏輯與秩序，強加解釋，對於過去真實的經歷，是多麼不公平。利尼翁河畔勒尚邦的市民，已經成為道德的楷模，鐵板一塊，齊心協力，依循胡格諾教義行善，義助面臨劫難的難民，究其實，我們已經看到，他們勇氣的來源其實更複雜，但也更具啟發性。俄國大革命、美國大革命、三十年戰爭（打到第五年的時候，當時的人會知道後面還要打二十五年嗎？）、一八七一年巴黎公社、美國民權運動、一九六八年的巴黎*、波蘭團結工聯運動以及其他複雜的事件，都符合前述特徵。歷史發展中最基進的偶發性（contingency）就此抹去、參與者的自覺變得扁平，還經常擁有超自然的能力，未卜先知，後續的發展了然於胸；角度各異的理解與動機消失，原本此伏彼起，從此凝結，鴉雀無聲。

「歷史」協助我們了解過去的方式，有點像是我們在電視上，看籃球或是冰上曲棍球轉播。攝影機架得高高的，完全脫離運動現場，就跟直升機在上空盤旋一樣。鷹眼般的角度拉開觀眾與球員的距離，放慢運動的速度。就算是觀眾錯過關鍵的投籃或妙傳，依舊可以透過慢動作，事無鉅細，一遍又一遍的欣賞精采的重播畫面。鷹眼視角與慢動作重播，聯手輕鬆騙過觀眾，讓他們彷彿覺得自己能主宰球員的動作。唉呀，哪個球員在比賽的時候，會覺得自己坐在直升機上俯視全場，或者能慢動作重播呢？偶爾，攝影機會架在地板上，貼近實時動態，觀眾跟球員一樣，都能經歷一瞬間天地變色的速度與比賽的複雜性，幻想立刻會被驅趕到九霄雲外。

# 碎片二十九 曲解歷史的政治

弄混軍事行動的因果關係，就像是把生死攸關的戰場，當成閱兵場。

——李奧．托爾斯泰

將歷史事件打理整齊、簡單化，再濃縮，是人類的傾向，也是學校歷史教科書不得不採行的寫作方式，更是一個有極高利害關係的政治角力。

一九一七年俄國大革命跟法國大革命一樣，過程中，也捲入形形色色的諸多參與者，對於最後結果，茫然無知。仔細審視革命過程的人都同意幾件事情：布爾什維克扮演的角色微不足道，根本無力催生大革命。漢娜．鄂蘭說得傳神：「布爾什維克發現權力躺在街頭，就順手拾了起來。」[4]一九一七年十月下旬最搶眼的事實就是混亂與自發性。專家都同意，沙皇的軍隊在奧國

* 譯注：當年五月爆發學運，隨即得到工會支持，戴高樂政權一度岌岌可危。

前線潰敗之後返鄉，自動加入掠奪土地的行列，導致沙皇政權在鄉間完全瓦解。專家之間的共識還包括：莫斯科與聖彼得堡的工人階級雖然不滿、好戰，但並沒有竊據工廠的野心。最後，他們同意在大革命前夕，布爾什維克只在工人階級擁有些許寶貴的影響力，但在農村中則無。

但是布爾什維克奪權成功之後，幾乎同時就開始編撰新說詞，從故事中抹去偶發、混亂、自發的成分與其他革命團體的著力痕跡。這個「就是如此」的新版本強調先鋒黨的洞若觀火、果決堅強。為了跟上列寧《怎麼辦？》（*What Is to Be Done*）*的高瞻遠矚，布爾什維克便自認他們就是點石成金的激勵觸媒。一九一七年至一九二一年，布爾什維克展現強烈的企圖心，要盡快把革命從街頭掃進博物館與教科書中，免得記憶猶新的群眾，如法炮製，也把他們轟下台。革命過程遭到「收編」，成為歷史必然性的結果，合理化「無產階級專政」。

革命的「官方說法」幾乎在大革命一結束，就已加工潤飾定型。列寧把國家（以及革命）想成一部運作順暢的機器，操控於上，一如軍事行動的精準。緊接著登場的革命「歷史重現」實境秀，也是根據相同的邏輯精心編排出來的。早期布爾什維克的文化藝術操盤手，盧納查爾斯基（Anataly Lunacharsky）在都市公共劇院安排演出歷史革命劇：四千演員擔綱（絕大多數是軍人客串），根據嚴謹的劇本，反覆排練，陸上的大砲、河裡的戰艦，東方的紅太陽（由聚光燈模擬），號召三萬五千名觀眾，齊聚欣賞，接受公民教育。利用公共劇院、文學、電影與歷史，布爾什維克對於「包裝」革命，流露出攸關利益的急迫性，從此以後，刪去真實革命中的偶發性、多樣性與各有所圖的目的性。等到能夠拿本身經驗跟文宣做比較的革命親歷世代凋零，官方版本就此成為定論。

一般而言，革命與社會運動是由不同參與者與各種因素打造而成的：目標極度分歧的各路人馬，混雜著義憤與激昂；參與者只能掌握眼前的局面，對於未來一無所知，深受各種意外插曲的影響（一場暴雨、一個謠言、一記冷槍）——但就是這些凌亂的雜音，逐漸累積能量，為日後被稱之為革命的歷史事件，架設好舞台。鮮少，如果真有這麼回事的話，是由緊密的組織指揮「義軍」，執行策畫已定的目標，揭竿而起，照著列寧的劇本逐幕演出。[5]

利用視覺描繪秩序與紀律，是獨裁政權最擅長的舞台效果之一。不顧農村饑饉、城市食物缺乏，災民湧向中國邊界，金正日依舊動員成千上萬的群眾，舉行場面浩大的閱兵，炮製壯觀的景

---

* 譯注：列寧在一九〇二年出版的政治宣傳小冊子，認為工人階級不會因為保障自身權益，自動成為一種政治階級，需要組成先鋒政黨，主動宣傳。

象，就是要表達萬眾一心，願意接受「敬愛的領袖」驅策的決心。

劇場般的虛張聲勢有悠長的歷史傳承。早在二十世紀初期，不論是社會黨或者是右派政黨，全都喜歡借用大型場館，舉行大規模的「造勢活動」，展現秩序與紀律。上千名穿著制服的演員，動作精準協調，就跟成密集隊形前進的樂隊一樣，傳遞出整齊畫一的力量，當然，操控全場的是隱身幕後的管絃樂團指揮。

華麗嚴整的象徵秩序，不僅在公開的儀式，像是加冕典禮、五朔節（May Day）遊行中看得到，更展現在公共空間的建築設計上：廣場、雕像、拱門與大道。建築物經常利用自身巨大的規模與莊嚴的氣象，去震懾老百姓，產生一種類似薩滿教

圖6.1　北韓大閱兵。© Reuters

（shamanism）的催眠效果，也像是一塊壓艙石，鎮住一團混亂的現實。一九八九年共黨政權垮台時，工程進度只完成百分之八十五的布加勒斯特（Bucharest）羅馬尼亞人民宮（Ceauşescu Palace of Parliament）*，就是一個醒目的例子。這棟「立法大會」建築模仿歌劇院，有一圈環形的包廂，正中央還有專門為西奧塞古（Nicolae Ceauşescu）†精心打造的水壓升降講台。建築裡六百個時鐘，全部由總統辦公室內的控制台遙控。

好些象徵官方力量的作品，其實是用來遮蔽政治運作的實際狀況——混亂、失序、錯誤、自發性與即興決策，精心裹上一層撞球般光滑的華麗表面，彰顯秩序、刻意、理性與控制。我想這就是「秩序的迷你化」，落實在現實生活裡，就是我們熟悉的玩具世界。玩具士兵、洋娃娃的家、坦克、飛機、鐵道模型以及小花園都是利用縮小物體，馴服世界秩序。相同的邏輯也出現在模範村落、示範計畫、模範房屋政策與模範集體農場。小規模的實驗可以減輕失敗的後果，不至於難以收拾，當然是一種謹慎的社會革新策略。我經常覺得這種示範是名副其實的「秀」，以取

* 譯注：也譯為西奧塞古國會宮。
† 譯注：羅馬尼亞獨裁者，共產黨總書記兼總統，一九八九年遭到推翻及處決。

代更實質性的改革，展現周密策畫、精心打造的「微秩序」，用「波坦金的中央秩序門面」，同時催眠領導者（自我催眠？）與廣大的群眾。這種小型的「秩序島嶼」繁殖得越厲害，就越該懷疑他們正在豎立屏障，遮斷群眾的視野，不想暴露政治精英難以控制的非官方社會秩序。

濃縮精煉的歷史、對於明快敘事的通俗渴望，以及精英與組織希望能投射出受控且具目的性的景象，合謀傳達出歷史因果論的錯誤印象。我們因而被蒙蔽，無法看清真正事實：絕大多數的革命都不是由革命黨推動，而是由許多自發性的、臨時起意的行動，在倉促間推動上陣（「冒進主義」，套用馬克思政治術語）。有組織的社會運動，多半是各行其是的抗議示威行動導致的結果，而非原因。爭取人類自由的偉大解放運動，鮮少來自按部就班的制度性過程，而多半是無秩序、難以預料的自發性行動，從底層打破社會秩序帶來的成果。

# 致謝

普林斯頓大學的Fred Appel以堪稱表率的耐心、協助與督促我在這裡形塑的自由實驗，並施以我認為當代出版業已絕跡的編輯關心與建議。他的同事Sarah David與Deborah Tegarden慷慨的協助編排插圖與文字。

# 注釋

## 前言

1 非常非常偶爾，我們會看到有極少數組織，結合某種程度自發性協調，尊重甚至鼓勵來自地方的主動倡議。戒嚴體系下的波蘭團結工聯運動、美國民權運動期間的學生非暴力協調委員會就是極為罕見的例子。但僅存於抗議與鬥爭期間。

2 Frances Fox Piven and Richard A. Cloward, *Poor People's Movements: Why They Succeed, How They Fail* (New York: Vintage, 1978).

3 Milovan Djilas, *The New Class* (New York: Praeger, 1957).

4 Colin Ward, *Anarchy in Action* (London: Freedom Press, 1988), 14.

5 Pierre-Joseph Proudhon, *General Idea of the Revolution in the Nineteenth Century*, trans. John Beverly Robinson (London: Freedom Press, 1923), 293–94.

6 John Dunn, "Practising History and Social Science on 'Realist Assumptions,'" in *Action and Interpretation: Studies in the Philosophy of the Social Sciences*, ed. C. Hookway and P. Pettit (Cambridge: Cambridge University Press, 1979), 152,168.

## 一、失序與克里斯瑪（charisma）的功用

1 參見R. R. Cobb, *The Police and the People: French Popular Protest, 1789–1820* (Oxford: Clarendon Press, 1970), 96–97.

2 葛蘭西發展出「霸權」（hegemony）這個概念，解釋為何普遍選舉制度無法創造工人階級統一。請見Antonio Gramsci, *The Prison Notebooks of Antonio Gramsci*, ed. and trans. Quentin Hoare and Geoffrey Nowell Smith (London: Lawrence and Wishart, 1971).

3 Taylor Branch, *Parting the Waters: America in the King Years*, 1954–63 (New York: Simon and Schuster, 1988).

4 與閻雲翔（Yan YunXiang，譯注：美國加州大學洛杉磯分校的社會人類學者）一席談話。

5 Kenneth Boulding , "The Economics of Knowledge and the Knowledge of Economics," *American Economic Review* 58, nos. 1/2 (March 1966): 8.

## 二、鄉土秩序，官方秩序

1 E. F. Schumacher, *Small Is Beautiful: Economics As If People Mattered* (New York: Harper, 1989), 117.

2 Edgar Anderson, *Plants, Man, and Life* (Boston: Little, Brown, 1952) 140–41.

## 三、塑造人類

1 Colin Ward, *Anarchy in Action* (London: Freedom Press, 1988), 92. 遊樂場的例子取材自序言到第十章, pp. 89–93.

2 Alexis de Tocqueville, *Democracy in America*, trans. George Lawrence (New York: Harper-Collins, 1988), 555.

3 Stanley Milgram, *Obedience to Authority: An Experimental View* (New York: Harper-Collins, 1974); Philip G. Zimbardo, *The Lucifer Effect: Understanding How Good People Turn Evil* (New York: Random House, 2008),144.

4 http ://www.telegraph.co.uk/news/uknews/1533248/Is-this-the-end-of-the-road-for-traffic-lights.html. 即是一例。

## 四、給小資產階級一個讚

1 R . H. Tawney, *Religion and the Rise of Capitalism* (Harmondsworth: Penguin, 1969), 28.

2 Paul Averich, *Kronstadt, 1921* (Princeton, NJ: Princeton University Press, 1970), 66.

3 Vaisberg , 1929年所言，被 R . W. Davies引用於 *The Socialist Offensive: The Collectivization of Soviet Agriculture, 1929–1930* (London: Macmillan, 1980), 175.

4 A. V. Chayanov, *The Theory of Peasant Economy*, ed. Daniel Thorner, trans. Basile Kerblay and R. E. F. Smith (Homewood, IL: Richard Irwin for the American Economic Association, 1966, originally published in Soviet in 1926).

5 Henry Stephens Randall, "Cultivators," in *The Life of Thomas Jefferson*, vol. 1, 1858, p. 437.

6 Barrington Moore, Jr., *Injustice: The Social Bases of Obedience and Revolt* (Armonk, NY: M. E. Sharpe, 1978).

7 Robert E. Lane, *Political Ideology: Why the American Common Man Believes What He Does* (Glencoe, IL: Free Press, 1962).

8 Steven H. Hahn, *The Roots of Southern Populism: Yeoman Farmers and the Transformation of the Georgia Upcountry, 1850-1890* (Oxford: Oxford University Press, 1984).

9 參見，例如，Alf Lüdtke, "Organizational Order or Eigensinn? Workers' Privacy and Workers' Politics in Imperial Germany," in *Rites of Power, Symbolism, Ritual and Politics since the Middle Ages*, ed. Sean Wilentz (Philadelphia: University of Pennsylvania Press, 1985), 312–44; Miklos Haraszti, Worker in a Worker's State (Harmondsworth: Penguin, 1977); and Ben Hamper, *Rivethead: Tales from the Assembly Line* (Boston: Little, Brown, 1991).

10 M. J. Watts and P. Little, *Globalizing Agro-Food* (London: Routledge, 1997).

11 例如，麥可・克羅齊爾（Michel Crozier）就斷言，就算是在大型的官僚組織，行為的關鍵還是「堅守個人獨立自治，拒絕所有依賴關係」。The Bureaucratic Phenomenon (Chicago: University of Chicago Press, 1964), 290.

12 Barrington Moore, *The Social Origins of Dictatorship and Democracy* (Boston: Beacon Press, 1966). 亦見 E・P・湯普森的鉅作 *The Making of the English Working Class* (New York: Vintage, 1966).

13 小資產階級還有別的社會貢獻，無論他們處於政治光譜的哪個區段。在歷史上，小額貿易與小型生產是市場整合的關鍵引擎。如果市場短缺某些商品或服務，有高利可圖，小資產階級一般會想出辦法，快速調整，滿足需求。在米爾頓・傅利曼（Milton Friedman）與市場基本教義派眼裡，小資產階級做的是「神的工作」。在幾近完美的競爭市場裡運作，能夠輕巧靈活的回應小型動態供需，在新古典經濟學眼裡，簡直就是烏托邦般的完美競爭。他們的利潤可能不高，經常失手賠本，但是累積效應對於柏拉圖最適（Pareto-optimum）的結果，卻頗有貢獻。一般而言，小資產階級在經濟運行上，很接近這種理想型。他們以極具競爭力的價格，提供必須的商品與服務，彈性、機動，遠非步調緩慢的大型公司可比。

14 我在這裡特別註明「有可能」是因為在二十世紀中葉，大型公司像是ＡＴ＆Ｔ（貝爾實驗室）、杜邦與ＩＢＭ，的確一度有盛行研究的文化風氣，可見得大公司並不是根深柢固的敵視創新。

15 Jance Jacobs, *The Death and Life of Great American Cities* (New York: Vintage, 1961).

## 五、為了政治

1 "Atlanta's Testing Scandal Adds Fuel to U.S. Debate, " *Atlanta Journal Constitution*, July 13, 2011.

2 C. A. E. Goodhart, "Monetary Relationships: A View from Thread-needle Street," *Papers in Monetary Economics* (Reserve Bank of Australia, 1975).

3 Theodore Porter, *Trust in Numbers: The Pursuit of Objectivity in Science and Public Life* (Princeton, NJ: Princeton University Press, 1995), 43.

4 Lorraine Daston, "Objectivity and the Escape from Perspective," *Social Studies of Science 22* (1992): 597–618.

5 「精英領導體制」這個名詞是一九五〇年代末期，由英國議員麥克．楊（Michael Young）在他的反烏托邦幻想，*The Rise of the Meritocracy, 1870–2033: An Essay on Education and Inequality* (London: Thames & Hudson, 1958)中，首度發明出來的。他在文中思考以ＩＱ成績選拔精英，可能不利於勞工階級。

6 Porter, *Trust in Numbers*, 194.

7 我們應該把合理量化（justified quantification）與轉移量化（metastasized quantification,）的界線，畫在哪裡呢？前者

的目標是取得透明度、客觀性、民主控制與平等的社會結果；後者純然只是取代並阻斷公共政策如何適當推行的政治討論。

我們不能輕下結論，一竿子打翻所有官方的審計方法，全都是錯的，愚不可及。相反的，我們需要找出方法，區隔數字的用法，怎麼樣算是合理？怎麼樣會招致危險？當審計或量化數字出現在面前，我們應該問自己幾個問題。問題應該問到要害處，能回應我在先前章節表達的憂慮：是否有建構效度（construct validity）、是否有「反政治」的可能性、是否能馴服或者回應風險？身為市民的我們，應該捫心自問：

(1)提議中的量化指標與它想要測量的建構（construct）——世上的某種概念，之間究竟有什麼關係？（比方說，SAT測驗能不能精確的代表學生的資質？或者廣泛一點說，能不能證明他或她值得念這所大學？）

(2)量化偽裝下有沒有隱藏或閃躲政治問題？（舉例來說，「村落點數評估系統」與「屍體損耗統計」是不是混淆美國大眾，使得「輕啟越戰是否明智」、「越戰能否取勝」等議題，被導入歧途？）

(3)指標有沒有被殖民或者顛覆的可能？比方說，誤報、回饋效應（feedback effects）或是誤導實質目標？（美國大學過於倚賴《社會科學引文索引》會不會導致大家競相出版粗製濫造的論文？或者造成「引用圈」？）

簡而言之，我並不是攻擊量化方法在學術界或者政界的運用，但我們要破解數字玄機，無須過度崇拜，堅持一件事：數字不見得總能回答我們的問題。我們也需要承認有關稀少資源分配的辯論其實是政治，而不僅只是技術決策。我們要開始問自己，在特定的情境裡，使用量化方法是推進，還是阻礙了政治辯論？是有可能得到成果，還是有可能破壞了政治目標？

## 六、特殊性與流動性

1 Francois Rochat and Andre Modigliani, "The Ordinary Quality of Resistance: From Milgram's Laboratory to the Village of Le Chambon," *Journal of Social Issues* 51, no. 3 (1995): 195–210.

2 位於華府的大屠殺博物館（The Holocaust Museum）深知特殊性的力量，發給入館參觀者，每人一張猶太人的照片，此人的最終命運，只有在參觀結束時，才會揭曉。

3 這種紀念性的標示牌，鮮少是由官方發起，多半是由小型德國公民團體製作。他們堅持要標出納粹政權在各地留下的暴行遺址，在集體記憶中，確保鮮明的印象。這樣的做法不及明斯特展覽帶給觀眾整體的感動，可能這些德國團體比較偏愛美國的做法，在事件發生地，留下說明性的文字，諸如：「黑奴拍賣原址」、「『傷膝澗』（Wounded knee）屠殺永誌不忘」、「淚水小徑」（Trail of Tear）、「此地曾執行惡名昭彰的塔斯基吉梅毒實驗（Tuskegee Experiments）」，但其實，這種做法，多半成效不彰。

4 Hannah Arendt, *On Revolution* (New York: Viking , 1965), 122.

5 有關這一點，列寧留下的論述相當複雜。有的時候，他也頗為重視自發性，但一般而言，他視「群眾」為原始力量，就像拳頭，先鋒黨則是「頭腦」，負責軍事參謀部署群眾力量，事半功倍，收效最大。

國家圖書館出版品預行編目資料

人類學家的無政府主義觀察：從生活中的不服從論自主、尊嚴、有意義的工作及遊戲／詹姆斯．斯科特（James C. Scott）著；王審言譯. -- 初版. -- 臺北市：麥田出版：英屬蓋曼群島商家庭傳媒股份有限公司城邦分公司發行, 2021.04
面； 公分
譯自：Two Cheers for Anarchism : Six Easy Pieces on Autonomy, Dignity, and Meaningful Work and Play
ISBN 978-986-344-886-0（平裝）
1. 無政府主義
549.9 110000784

麥田叢書 106

# 人類學家的無政府主義觀察

## 從生活中的不服從論自主、尊嚴、有意義的工作及遊戲

*Two Cheers for Anarchism: Six Easy Pieces on Autonomy, Dignity, and Meaningful Work and Play*

作　　　者／詹姆斯．斯科特（James C. Scott）
譯　　　者／王審言
校　　　對／馬文穎
責 任 編 輯／許月苓
主　　　編／林怡君

國 際 版 權／吳玲緯
行　　　銷／巫維珍　何維民　吳宇軒　陳欣岑
業　　　務／李再星　陳玫潾　陳美燕　葉晉源
編 輯 總 監／劉麗真
總　經　理／陳逸瑛
發　行　人／凃玉雲
出　　　版／麥田出版
10483臺北市民生東路二段141號5樓
電話：(886)2-2500-7696　傳真：(886)2-2500-1967
發　　　行／英屬蓋曼群島商家庭傳媒股份有限公司城邦分公司
10483臺北市民生東路二段141號11樓
客服服務專線：(886) 2-2500-7718、2500-7719
24小時傳真服務：(886) 2-2500-1990、2500-1991
服務時間：週一至週五09:30-12:00．13:30-17:00
郵撥帳號：19863813　戶名：書虫股份有限公司
讀者服務信箱E-mail：service@readingclub.com.tw
麥 田 網 址／https://www.facebook.com/RyeField.Cite/
香港發行所／城邦（香港）出版集團有限公司
香港灣仔駱克道193號東超商業中心1/F
電話：(852)2508-6231　傳真：(852)2578-9337
馬新發行所／城邦（馬新）出版集團Cite (M) Sdn Bhd.
41-3, Jalan Radin Anum, Bandar Baru Sri Petaling, 57000 Kuala Lumpur, Malaysia.
電話：(603)9056-3833　傳真：(603)9057-6622
讀者服務信箱：services@cite.my

封 面 設 計／廖勁智
印　　　刷／前進彩藝有限公司

■2021年4月1日　初版一刷
■2023年5月30日　初版三刷
Printed in Taiwan.

定價：320元

ISBN 978-986-344-886-0